JN040077

勇気論

内田樹

光文社

まえがき

みなさん、こんにちは。内田樹です。

今回は「勇気」をテーマにした一冊です。

どうしてまた「勇気」について本を書くことになったのか、それは読んで頂ければおいおいわかって頂けると思いますけれど、先にざっと説明しますね。

僕は『週刊金曜日』という週刊誌に隔週でエッセイを連載しています。そこに少し前に勇気について書きました。「いまの日本人に一番足りないものは何ですか？」と訊かれて、とっさに「勇気じゃないかな」と答えたということがあったので、そのことを書きました。それを短く要約したものをTwitter（現X。以下同）に投稿したら、光文社の古谷俊勝さんがすぐに反応してくれました。たぶんその話のどこかが古谷さんの琴線に触れたんでしょうね（『週刊金曜日』に書いたそのエッセイは、この後の僕の第一書簡に採録してあります）。

その後、古谷さんが神戸に来てくれて、あれこれおしゃべりしているうちに、「勇気について一冊書く」という話になりました。果たして本一冊分書けるほどの材料があるかちょっと心配だったのですけれど、僕一人であれこれ考えるのではなく、古谷さんから質問をしてもらったり、話題を振ってもらったりして、それについて僕が思うところを述べるという形式だったら、そこそこの紙数はいけるかなと思って、「往復書簡形式ならお引き受けします」ということになりました。

古谷さんとの付き合いはけっこう長いんです。僕がまだ神戸女学院大学に勤めていた頃、同僚の英文学者・難波江和英（なばえかずひで）さんと一緒に書いた『現代思想のパフォーマンス』という本がありました。出版社は英文学の専門書を出しているところでしたから、こんな毛色の変わった本は売れないと思ったのでしょう、刷り部数もわずかで、値段も3000円近くしました。僕たちは学生院生のために書いたつもりだったので、こんな値段じゃ読んでもらえないなとちょっとがっかりしたのでした（そして、実際あまり売れませんでした）。でも、しばらくして光文社の古谷さんが「新書にしませんか」というオファーをしてくれました。おかげでこの本はいまでも光文社新書で読むことができます。古谷さんにはそういうご恩があるので、「本書きませんか」「はい」という展開になったのは無理からぬところがあるのです。

というのがこの本を書くことになった事情です。

どうして「勇気」なのか。それはこの後を読んで頂ければわかります。

では、どうぞ。

勇気論　目次

装幀　櫻井　久（櫻井事務所）
装画　ヨシタケシンスケ

勇気論

内田樹

1
通目

1通目の手紙

勇気とはいったい、何なのでしょうか？

内田先生

先生が、若い人たちに、「いまの日本人に一番足りないものは何だろうか」と訊ねられ、少し考えて「勇気じゃないかな」と答えたというtweetを読んだ時、いま自分が抱えている悩みが吹き飛び、「その通り！」と心の中で叫んでました。すぐに先生にメールしましたね。返信いただき、うれしかったです。tweetのもととなった『週刊金曜日』の原稿も送っていただき、その後神戸まで押しかけていった折りも、歓待していただき、ありがとうございました。

「勇気」について、ぜひ本にまとめて欲しいという依頼をしたところ、それでは往復書簡形式というのはどうだろうというアイディアをいただき、なるほどと思ったものの、いざ、文章にしようとすると難しい。一週間以上ずっと頭の片隅で考えていました。

編集者という職業上、本にした時の全体の構成案を考えたり、読者にどう思われるかなという「邪心」が生まれるものなのですが、それらを排除して、自分自身がどうして先生のtweetに反応したかということから考えてみました。それはかなり個人的な状況からの身体反応だったような気がしていて、それをまずお伝えすることから始めたらどうだろうと思い直し、やっとこうして書き始めることができました。

うまく伝えられるかどうか。

私が身を置く出版の世界ですが、この20年にわたり、市場自体の縮小が続いています。簡単に言えばそれまでなのですが、一方でデジタルの領域ではいわゆる「コンテンツ」の奪い合いになっています。「コンテンツ」化しやすいコミックだけがビジネスとして成長していて、いまや雑誌や書籍の出版は青息吐息(あおいきといき)です。

そうすると何が起こるのか？　まずは「売れる本を出せ」という掛け声と、「経費を最大限カットせよ」という指令です。ビジネスとしては至極当然のことです。でも、「売れる本い、だけ出せばいいんじゃない」という極論まで出るようになると、身動きができにくくなる。即効性のある策があるわけではありません。なんとなく沈殿した雰囲気が漂ってしまいます。以前何度も見た光景です。こういう時は、経験上、流れに飲み込まれず、自分や環境をまずリセットする必要があります。というわけで、自分の興味のあるがままに行動してみることにしました。

そうすると、いろんな発見があります。人との出会いだったり、抱えていた問題が解決するヒントだったり。なんとなく先が見える感覚が訪れます。ただ、それを実行に移そうとすると、そこからがたいへん。なかなか前へ進みません。でもここで諦めてはと、まさに「勇気」を奮い起こしている最中だったのです。

長くなってすみません。先生のtweetに反応した時の状況でした。

ちょっと大仰な言い方ですが、いまのままを続けるのは難しいと思っているにもかかわらず、いまのままを変えたくないという気持ちが優位な社会では「勇気」は邪魔なものなのかも知れません。先の姿が少しでも見えたと思った人にとっては、勇気を出して前に進まなければ、息が詰まってしまう。でも、それを異分子だと排除してしまうメカニズムがどこかで働いていることが、社会の停滞を生んでいるのではないかと思った次第です。

個人的な話から始めたのですが、たぶんこれが日本の多くの組織で起こっていることと同根のものではないかと推測します。

先生、「勇気」っていったい何なのでしょうか？

そもそも、どこから湧いてくるもので、もしそれがなくなったとすれば、どうしてなのでしょうか？

（2022年6月14日）

1通目の返信

かつて勇気に続く徳目は「正直と親切」でした。

古谷さま

こんにちは。内田樹です。

メールありがとうございます。最初、tweetした文章に古谷さんがすぐに強い反応を示したので、ちょっと驚きました。なるほど、伺ってみると、ずいぶん切羽詰まった状況からのものだったんですね。

古谷さんへの返事を書き始める前に、読者のみなさんのために、古谷さんの手紙の中で言及されていた「『週刊金曜日』の原稿」を資料として提出したいと思います。これを少し短縮したものをTwitterに載せたのでした。日付は2022年の4月7日です。まずはこれを読んでもらうことにします。

友情と勇気は相性が悪い

先日若い人たちと話すことがありました。若いと言っても僕より30歳くらい下ですから中堅どころです。「いまの日本人に一番足りないものは何でしょう」と訊かれたので、少し考えてから「勇気じゃないかな」と答えました。

そう言ってしまってから、たしかに僕が子どもの頃に、マンガや小説を通じて繰り返し「少年は勇気を持つべし」と刷り込まれてきたことを思い出しました。『少年探偵団のうた』だって、「ぼくらは少年探偵団　勇気りんりん　るりのいろ」から始まります。

1950年代の少年に求められた資質はまず勇気だったのでした。

勇気というのは孤立を恐れないということだと思います。自分が「正しい」と思ったことは、周りが「違う」と言っても譲らない。自分が「やるべき」だと思ったことは、周りが

「やめろ」と言っても止めない。

戦中派の大人たちが僕たち戦後生まれの子どもたちに向かって「まず勇気を持て」と教えたのには彼らなりの理由があったのだと思います。

戦前戦中において、彼らは自分が「正しい」と思ったことを口に出せず、行動に移さず、不本意なまま大勢に流されて、ついには亡国の危機を招いてしまった。そのことへの痛苦な反省の思いがあった。だからこそ、戦中派の人々は僕たち戦後世代に対して「まず勇気を持て、孤立を恐れるな」と教えた。そんな気がします。この世代の子どもたちが長じて学生運動に身を投じた時に「連帯を求めて孤立を恐れず」というスローガンにはげしく情緒的な反応を示したのはその教えに忠実だったからかも知れません。

どうして「勇気を持て」という教えが後退したんでしょうと重ねて訊かれたので、これもその場の思いつきで『少年ジャンプ』のせいかなと答えました（集英社さん、ごめんなさい）。『少年ジャンプ』が作家たちに求めた物語の基本は「友情・努力・勝利」でした。

最初に「友情」が来ます。でも、友情と勇気は相性が悪いんです。

友情というのは理解と共感に基づいて成立するものです（とりあえずそう信じられている）。友情を豊かに享受している人は周りの人たちに理解され、共感され、支援されます。ぜんぜん孤立していない。でも、勇気というのは、周りからの理解も共感も支援もないところからなにごとかを始めるために必要な資質です。ですから、「すべてはまず友情から始まる」という世界には「孤立を恐れない少年」の居場所がありません。

『孟子』に「千万人と雖も吾往かん」という有名な言葉があります。千万人を敵に回しても我を通すというのですから、この「吾」の周りにはどうやら同盟者がまったくいないようです。ですから、この「吾」がこの先どれほど「努力」しても、「勝利」を期することは不可能でしょう。「友情」が優先的に求められる世界では、この「吾」はただの「空気の読めないやつ」として遇される他ありません。気の毒ですけれど。


勇気が最優先の徳目であった時代に、それに続く徳目は「正直と親切」でした（と思います。個人の感想ですけれど）。１９５０年代６０年代の少年たちには「勇気・正直・親切」が求められた。とりあえず、僕が読みふけっていたマンガではそうでした。

正直や親切というのはごく個人的なものです。社会的な評価とか達成とかいうこととはとりあえず無縁です。目の前にいる生身の人間に対してどう向き合うか、どう真率に向き合うか、それだけが問題です。正直や親切には別にさしたる「努力」が要るわけではありません。

正直に語ったり、親切にふるまったりすることを通じ、何かを達成するということもありませんし、「勝利」することもありません。

なるほど、時代はそうやって遷移したのかと僕は自分で話しながら、自分の仮説にけっこう得心したのでした。

スティーブ・ジョブズがスタンフォード大学の卒業式で式辞を読んだことがありました。その時に彼は「最も重要なのはあなたの心と直感に従う勇気です（And most important, have the courage to follow your heart and intuition.）」という感動的な言葉を語りました。「心と直感はあなたがほんとうは何になりたいかをなぜか知っているからです（They somehow already know what you truly want to become.）」とスピーチは続きます。

ジョブズは、たいせつなのは「心と直感に従うことです」とは言いませんでした。「心と直感に従う勇気です」と言ったのです。勇気が要るのは子どもが「心と直感に従う」ことを周囲の大人が許さないからです。

ものごとを始める時に、まず周囲の共感や理解を求めてはならない。ジョブズのこの見識に僕は全幅の同意を送るものです。

ここまでが『週刊金曜日』に掲載したものです（ちょっと加筆してありますが、文意は変わっていません）。それとは別に、自分のブログを検索してみたら、「勇気」をキーワードにした文章がいくつかみつかりました。次の文章は国語教育について書かれたものですが、やはり「勇気」についての考察に長く紙数を割いています。これは『すばる』という媒体で教育に関するインタビューを受けた時の文字起こしにちょっと加筆したものです。

論理とは命がけの跳躍

今度、兵庫県の国語の先生たちの集まりで講演をするのですが、その打ち合わせに何人かが凱風館（がいふうかん）においでになりました。来た先生たちに伺うと、いまの現場の話題はやはり学習指導要領の改訂で登場した「論理国語」だそうです。いったいこれは何なのか、みなさん困惑されていました。何をさせていいのか、ほんとうにわからないらしい。

その時に「論理国語」に準拠した模試の問題の現物を見せてもらいました。一読して驚きました。生徒会の議事録と生徒会の規約を見せて、年度内に生徒総会を開催することは可能かどうかを問うものだったんです……。

契約書や例規集を読める程度の実践的な国語力を「論理国語」という枠で育成するらしい。でも、模試問題を見る限り、これはある種の国語力を育てるというより、端的に文学を排除するのが主目的で作問されたものだと思いました。

「論理国語」を「文学国語」と切り離して教えることが可能だと考えた人たちは、文学とは非論理的なもので、何か審美的な、知的装飾品のように思っているんじゃないでしょうか。だから、そんなもののために貴重な教育資源を割く必要はないと思っている。

現にそう公言する人は政治家とビジネスマンには多くいます。自分たちは子どもの頃から文学に何も関心がなかったけれど、そんなことは出世する上では何も問題がなかった。まったく文学と無縁のままにこのように社会的成功を収めた。だから、文学は学校教育には不要である、と。たぶんそういうふうに自分の「文学抜きの成功体験」に基づいて推論しているんだと思います。政治にもビジネスにも何の役にも立たないものに教育資源を費やすのは、金をドブに捨てているようなものだ、と。そういう知性に対して虚無的な考え方をする人たちがいまの日本では教育政策を起案している。これは現代の反知性主義の深刻な病態だと思います。

「論理国語」という発想に対して僕が懐疑的なのは、試験問題を作る場合、「正解」がわかっていて、受験生は論理的にそれをたどってゆくと「すらすらと」結論に達するというプロセスが自明の前提とされていることです。たぶん、彼らの考える「論理」というのは、そういうものなんでしょう。でも、論理的にものを考えるということを実際にした経験のある人ならわかると思うけれど、論理的に思考するというのは、平坦な道を歩くようなプロセスではありません。むしろ、ある種の「深淵」に直面して、それを「命がけで跳び越える」ということに近い。

僕は子どもの頃にエドガー・アラン・ポウやアーサー・コナン・ドイルを読んで「論理的にものを考える」ということがどういうことかを学びました。「論理的にものを考える」というのはオーギュスト・デュパンやシャーロック・ホームズ「のように考える」ということだと最初に刷り込まれた。それはいまでも変わりません。

名探偵の推理こそ「論理的にものを考える」プロセスの模範だと思います。まず「難問」が提示され、探偵はそれを「解く」ことを求められます。でも、これは僕たちが慣れ親しんだ「試験」とはまったく別のものです。というのは、ここには「正解」を知っていて「作問」している人がいないからです。仮に事件の現場にいろいろな物証が残っていたとしても（足跡とか、血痕とか、吸い殻とか）、それは別に事件の当事者が「問題」として現場に意図的に残していったものではありません。

探偵は現場に残された断片から推理して、その帰結として正解を「発見」する。推理というのは、それぞればらばらに散乱している断片的事実を並べて、それらの断片のつながりを説明できる一つの仮説を構築することです。その仮説がどれほど非常識であっても、信じがたい話であっても、「すべてを説明できる仮説はこれしかない」と確信すると名探偵は「これが真実だ」と断言する。それは「論理」というよりむしろ「論理の飛躍」なんです。

実際に学術的な知性がやっているのはそういうことです。カール・マルクスや、マックス・ウェーバーや、ジークムント・フロイトはいずれも素晴らしい知的達成をなしとげて人類の知的進歩に貢献したわけですけれど、彼らに共通するのは常人では真似のできないような「論理の飛躍」をしたことです。目の前に散乱している断片的な事実をすべて整合的に説明できる仮説は「これしかない」という推理に基づいて前代未聞のアイディアを提示してみせた。「階級闘争」も「資本主義の精神」も「強迫反復」もいずれも「論理の飛躍」の産物です。同じ断片を見せられて、誰もが同じ仮説にたどりつくわけではありません。凡庸な知性においては常識や思い込みが論理の飛躍を妨害するからです。

例外的知者の例外的である所以はその跳躍力なんです。彼らの論理的思考というのは、いわばこの跳躍のための助走なんです。こうであるならこうなる、こうであるならこうなる……と論理的思考を積み重ねることによって、思考の速度を上げている。そして、ある速度に達したところで、飛行機が離陸するように地面を離れて高く遠く跳躍する。「論理的にものを考える」というのはこの驚嘆すべきジャンプにおける「助走」に相当するものだと僕は思います。そこで加速して、踏切線で「常識の限界」を飛び越えて、日常的論理ではたどりつけないところに達する。

でも、凡庸な知性は、論理的に突き詰めて達した予想外の帰結を前にして立ちすくんでしまう。論理的にはそう結論する他ないのに、「そんなことあり得ない」と目をつぶって踏切線の前で立ち止まってしまう。それが「非論理的」ということだと僕は思います。

人間が知性的であることはすごく楽しい

フロイトの『快感原則の彼岸』は20世紀で最も読まれたテクストの一つですけれど、フロイトはここで症例研究から、そのすべてを説明できる仮説として「反復強迫」さらには「死への衝動」という驚嘆すべきアイディアを取り出しました。これは明らかに「論理の飛躍」です。フロイト自身は自分の手続きのことを「思弁」と呼んでいます。これは論理的にものを考えるということの本質的な力動性について書かれた重要な言葉だと思います。フロイトはこう述べています。

「次に述べることは思弁である。(…)それは、ある理念がどんな結論をみちびき出すかという好奇心から、その理念を首尾一貫して利用しつくそうという試みである。」(ジークムント・フロイト、『快感原則の彼岸』、井村恒郎(つねろう)他訳、人文書院、1970年、163頁)

論理的にものを考えるというのは「ある理念がどんな結論を導き出すか」については、それがたとえ良識や生活実感と乖離するものであっても、最後まで追い続けて、「この前提からはこう結論せざるを得ない」という命題に身体を張ることです。

ですから、意外に思われるかも知れませんけれど、人間が論理的に思考するために必要なのは実は勇気なのです。

学校教育で子どもたちの論理的な思考力を育てるということをもしほんとうにしたいなら「論理は跳躍する」ということを教えるべきだと思います。僕たちが「知性」と呼んでいるのは、知識とか情報とか技能とかいう定量的なものではありません。むしろ、疾走感とかグルーヴとか跳躍力とか、そういう力動的なものだからです。

子どもたちが中等教育で学ぶべきことは、極論すれば、たった一つでいいと思うんです。それは「人間が知性的であるということはすごく楽しい」ということです。知性的であるということは「飛ぶ」ことなんですから。子どもたちだって、ほんとうは大好きなはずなんです。

今回導入されることになった「論理国語」がつまらない教科であるのは、そこでは知的な高揚や疾走感を味わうことがまったく求められていないからです。そして、何より子どもたちに「勇気を持て」という論理的に思考するために最もたいせつなメッセージを伝える気がないことです。

そもそも過去四半世紀の間に文科省が掲げた教育政策の文言の中に「勇気」という言葉があったでしょうか。僕は読んだ記憶がない。おそらく文科省で出世するためには「勇気」を持つことが無用だからでしょう。

官僚というのは「恐怖心を持つこと」「怯えること」「上の顔色を窺うこと」に熟達した人たちが出世する仕組みですから、彼らにとっては「勇気を持たなかったこと」が成功体験として記憶されている。だから、教育の中でも、子どもたちに「恐怖心を植え付ける」ことにはたいへん熱心であるけれど、「勇気を持たせること」にはまったく関心がない。それは彼ら自身の実体験がそう思わせているのです。「怯える人間が成功する」というのは彼ら自身の偽らざる実感なんだと思います。だから、彼らはたぶん善意なんです。善意から子どもたちに「怯えなさい」と教えている。「怯えていると『いいこと』があるよ。私にはあった」と思っているから。

でも、知性の発達にとっては恐怖心を持つことよりも勇気を持つことの方が圧倒的に重要です。論理的に思考するというのは、論理が要求する驚嘆すべき結論に向けて怯えずに跳躍することです。「論理国語」ということをほんとうに教えたいのであれば、子どもたちに向けて「跳ぶ勇気を持つことのたいせつさ」をまず教えるべきだと僕は思います。

正確を期すために一言付け加えますけれど、「常識の限界」を前にして足がすくんでしまって立ち止まるということが時には「正解」ということもあります。「論理的には正しいはずなのだけれども、どうしても足がすくんで、先へ進めない」というのは人間が危機を回避する時の本能的な反応の一つだからです。頭ではそうすべきだとわかっているのだけれど、身体が言うことをきかないということは僕たちの身には時々起きます。その場合に、身体がどうして言うことをきかないのか、立ち止まって、ていねいに自己を吟味するというのは、これもまた知性のたいせつな仕事です。
「ためらう」ことが時には必要です。そのことは僕自身これまで繰り返し書いてきました。でも、それは「論理的に思考し、論理的にふるまう」ということとは違います。それより「さらに先の」課題です。論理的であることを突き詰めた人がはじめて直面することになる次なる難問です。「論理的であること」がどういうことかをまだ知らない人が取り組める課題ではありません。

「論理が要求する結論」のことを英語ではcorollaryと言います。日本語ではこれを一語で表す対応語がありません。僕はこの語を日本の思想家では丸山眞男（まさお）の使用例しか読んだ記憶がありません。でも、これはとても重要な言葉だと思います。それがどれほど良識を逆撫でするものであっても、周囲の人の眉をひそめさせるものであっても、「これはコロラリーである」と言い切る勇気を持つこと、それが論理的に思考するということの本質だと僕は思います。

これは2019年の5月に書いた文章です。

この二つの「基本文献」をお読み頂ければ、「勇気」についての僕の考え方はだいたいおわかり頂けるだろうと思います。

勇気とは実践的には「孤立を恐れないこと」です。「恐れ」というのは情緒的なレベルでの出来事ですから、勇気というのは、ある意味で「感情的なもの」だということになります。

でも、それだけではありません。人が孤立を恐れずにいられるのは、自分の考えていること、主張していることは「筋が通っている」と叡智的に確信できているからです。

つまり、勇気を持つというのは、「恐れない」という感情的な自己抑制が利いていることであると同時に、「私は論理的に正しい」という知性的な足場をしっかり踏まえているということです。そういう意味では「勇気を持つ」というのは感情的な自己統御と、論理的な思考力を二つながらに要求する事業だということになります。

感情的な成熟と知性的な成熟をともに達成することを「勇気」は要求します。ですから、子どもたちに「勇気を持て」と教えるというのは、子どもたちを成熟に導く上でとてもたいせつな目標設定だということが言えるのだと僕は思います。

組織をあげての「緩慢な自殺」

以上が、勇気についての僕からの予備的考察です。それを踏まえて、古谷さんの直面している具体的な問題について僕の考えを申し上げたいと思います。

出版界がとてもきびしい経営環境にあることは、僕も知っています。そして、市場そのものが縮小する時に「冒険的な企画」が通らなくなるという事情もよくわかります。それは'90年代の初頭の「バブル崩壊」以後に、日本社会のあらゆるセクターで起きたことだからです。

僕が身を置いていた大学でも同じことが起きました。

どういう研究をしたらよいのか。それまではかなりの自由度が許されました。'80年代のバブル全盛期の頃は、出版もそうでしたけれど、学術研究の世界もほんとうに好き勝手なことが許されました。なにしろお金がじゃぶじゃぶあったわけですから。ソニーがコロンビア映画を買収し、三菱地所（じしょ）がマンハッタンのロックフェラーセンターを買った時代です。「日本の地価の合計でアメリカが二個買える」とビジネスマンたちが豪語していた時代です。人文系の教員の研究費なんか彼らからしたら「鼻くそ」みたいなものでしたから、「ま、好きなだけ使えや」という感じで、いくらでも回ってきました。僕の研究（19世紀末フランスの極右思想とユダヤ教哲学の研究）なんか、当時の日本社会にとっては有用性も生産性も「ほとんどゼロ」のものでしたけれど、それでも潤沢な研究費が与えられました。下品な時代でしたけれど、研究者にとってはよい時代でした。

事情は出版界も同じだったと思います。若い編集者が「こんな本出したいんですけど」と企画を出すと、鷹揚な上司はうるさいことを言わずに通してくれた。「ま、好きにしたらええがな」という感じで。他の部署でざくざく儲かっているわけですから、若い連中が遊び半分に本や雑誌を出すくらいどうということはなかったんです。そういう「ま、好きにしたらええがな」（なぜか大阪弁になりますね、こういう時は）という環境だと、時々「大化け」する出版物が出てきます。それまで誰も試みたことがなかった企画、海のものとも山のものともつかない冒険的な企画がたいして吟味されることなしに営業会議を通ってしまうわけですから、99％の「スカ」の間に1％の「大当たり」が出る（ことがある）。金がたっぷりあると、それなりにいいこともあるというのは僕が'80〜'90年代に身にしみて実感したことでした。

そういう「ええがな」の時代は'90年代の初頭にバブル崩壊とともに終わりました。そして、それまで鷹揚に予算を分配してくれた上司がいきなり目を三角にして、「お前のその計画は、ちゃんともとがとれるんだろうな。どれほどの収益が上がるか根拠になるデータを持って出直してこい」というような「せこい」ことを言い出すようになった。

その時だって、まだ日本は世界第二位の経済大国で、実を言えば、お金はざぶざぶあったんです。でも、「お祭り騒ぎは終わった」という雰囲気が社会全体に蔓延して、いきなり日本人全員が「せこく」なった。パイの増大が止まると同時に、「どうして、あいつにはあんなパイの分配があるんだ。おかしいじゃないか。どういう基準でパイの分配をしているんだ。分配基準を明らかにせよ。全員の生産性・貢献度を数値的に格付けしろ。それに基づいて資源を傾斜配分しろ。仕事しないで給料持ってゆくフリーライダーを許すな」ということをみんながうるさく言い出すようになった。

そういう「せこい」考え方がかれこれ四半世紀にわたって日本の「支配的なイデオロギー」になっています。でも、「せこい」考え方をする人間が制度設計したり、組織運営をしている社会が活気あるものになるはずはありません。実際に、「客観的な格付けに基づく資源の傾斜配分」という「合理的」な仕組みを導入してから後ずっと日本の全セクターで生産性は落ち続けています。もう何もイノベーションが起きなくなった。だって、出版界でも大学でも、もう「いずれ大化けするかも知れない」というような計画には1円も予算がつかないんですから。「投資分を迅速かつ確実に回収できます」というような「エビデンス」を示せるということは、逆に言えば「絶対に大化けしません」という保証付きということなんですから。そうやって、過去の成功例をひたすら縮小再生産するような「せこい」自己模倣のうちに陥った末に、日本社会は「こんなありさま」になってしまった、というわけです。

もとはと言えば「金がなくなった」せいです。正確には「金がなくなったと思い込んだ」せいです。当時だっていまだって、あるところにはたっぷりあるんです。でも、持っている人たちは、それをがっちり懐に溜め込んで、若い人たちの冒険的な企図のために出資する気なんかかけらほどもない。そして、そういう「出さずに溜め込むだけの人」たちのところに日本中の権力や財貨が排他的に集積されるような仕組みがこの10年ほどでほぼ完成してしまった。

速足でまとめましたけれど、それがこの四半世紀ほどの日本社会の実情だと僕は思っています。

古谷さんの会社で口にされる「売れる本を出せ」も「経費を最大限カットせよ」も、「それをやっていると、どんどん事業規模が縮んでゆく」だけの緩慢な自殺のようなものです。

ですから、古谷さんが「もう我慢できない」ということになるのは当然だと思います。経営陣の一員という責任ある立場からも、組織をあげての「緩慢な自殺」に加担するわけにはゆきませんから。

ですから、古谷さんが、社内の反発を押し切って、「心と直感に従う勇気」を持とうと決意したというのは、誠に条理の通った判断だと思います。

お手紙の最後の「『勇気』っていったい何なのでしょうか？　そもそも、どこから湧いてくるもので、もしそれがなくなったとすれば、どうしてなのでしょうか？」というご質問については、これからゆっくりと具体的にお答えしてゆきたいと思います。

ではまた。

（2022年6月17日）

通目

2通目の手紙

勇気は、狂気と関係あるのでしょうか？

内田先生

さっそくご返信いただき、ありがとうございます。

二つの「基礎文献」で、勇気がなくなった理由と、それでも勇気が必要な理由について、たくさんのヒントをいただきました。

これは複雑そうで、実は単純な構造なのかも知れないぞと、勝手ながら思っております。

頭の中ではいくつも質問が浮かんでいます。哲学的にはどうなんだろう、とか、歴史背景が相当影響を与えている、とか、新規事業とかイノベーションについて多くの人が間違えた認識を持っているのであろうとか。

でもその前に、最初の質問、「勇気はどこから湧いてくるものか……」についてまずは頭の整理をしたいと思っています。

今回も、個人的体験を一つ書きます。

小学校4年生の時、クラスの乱暴者二人が大喧嘩を始めました。放っておくとどちらかが大けがをしそうな勢いになり、教室中が息を呑んでいました。当時、どちらかと言えばおとなしかった私なのですが、その時とっさに、身近にあった椅子を二人に向かって投げつけていました。

手が離れた瞬間から標的に向かっている椅子の放物線を目で追いながら、「まずい、これがもしどちらかに当たったら大けがになる」と全身の血が引いていくのを感じました。ほんの0コンマ数秒の経験です。結果、ちょうど二人の中央に落ち、なにごともなく済み、驚いた二人は喧嘩をやめたのでよかったのですが。
その時、自分の中に何か制御できない「狂気」があることにはじめて気づき、それ以来、内省的な自分を意識するようになりました。ちょうど思春期の始まりだったのかも知れません。

正義感があったのではありません。肉体が反応していたんです。そしてそれが恐かった。ぜんぜん、間違っているかも知れませんが、こういうことがその後の勇気にどこかで結びつくのでしょうか？
まるでカウンセリングみたいな質問になってしまってすみません。

少年期の「向こう見ずな行動」「粗暴」は、それに関しての親や周りの反応とかも含めての環境と、勇気との関係というのが何かありそうな気がしての質問でした。見当違いでしたら、そう言ってください。

（2022年6月20日）

2通目の返信

孔子は、「勇気があれば敗けることができる」と言いました。

古谷さま

こんにちは。第二信拝受しました。興味深い「ケース」をお示しくださって、ありがとうございます。

勇気と狂気はどういう関係にあるのかというのは深い問いだと思います。今日はその話をすることにします。

敗ける勇気

『論語』には「暴虎馮河の勇」を咎める言葉があります。「暴虎馮河」というのは「素手で虎に立ち向かう。黄河を徒歩で押し渡ろうとする」というような血気にはやった無謀なふるまいのことです。『論語』の「述而編」にある言葉です。これは「よくない勇気」の発動の仕方であると孔子は咎めています。どういう文脈で出てきた言葉なのか、それを見てみましょう。

「子、三軍を行わば、則ち誰と与にせん。子曰わく、暴虎馮河、死して悔いなき者は、吾与にせざるなり。必ずや事に臨みて懼れ、謀りごとを好んで成る者なり。」

これは孔子とその弟子である子路との対話です。子路というのは孔子の弟子の中では一番明るく、また勇猛な人物です。中島敦が彼を主人公に『弟子』という小説を書いているくらいに、カラフルな逸話に事欠かない魅力的な人物です。

子路は孔子に長く仕えてきた古参の弟子ですので、師に向かってもわりと遠慮なくものを言います。今回の問いもずいぶんストレートなものです。「先生は三軍を指揮されるとしたら、どんな人物とともにことを行いますか？」と問いかけています。これは子路にとってはきわめて切実な問いでした。先生は「ともにことを行う人間」として自分を選んでくれるだろうか。子路はそういう実存的な震えを感じながらこの問いを発したのだと思います。

それに対して孔子はこう答えます。「暴虎馮河の勇をふるって、死んでも悔いのないというような者とはともにことを行うことはできない。私ならことにあたって慎重に構え、よく計画を立てて成功する者とともにことを行う」

でも、「暴虎馮河の勇」を否定的に語った孔子のこの言葉をそのまま受け取ることにはちょっと留保が必要です。というのは、孔子は弟子からの問いにはつねに相手に対して「最も教育的な効果をもたらす答え」を以て応じるからです。相手によって言うことを変えるんです。たいていはその弟子の欠点を矯正するように。

例えば、弟子の子貢が「君子とはどういうものですか？」と訊いた時には「まず自分の主張を実行し、その後で主張を語る人である」と答えます。言葉より先に行動するのが君子であると定義したのですが、これは子貢が弁舌が達者で、ついその才に溺れがちだったのをたしなめるためにそう言ったのです。

ですから、子路に向かって言った言葉が孔子の本心かどうかはわかりません。というのも、前に引いた「自ら反りみて縮ければ、千万人と雖も吾往かん」というのも実は孔子の言葉だからです。

こちらは『孟子』公孫丑章句上にある言葉です。自ら顧みて、自分に道理にかなっていると思えるなら、敵が千万人立ちふさがっていても突き進んでゆくと言っているわけですから、この「吾」はどちらかと言えば「暴虎馮河し、死して悔いなき者」の類のように思われます。

じゃあ、孔子はいったいどちらを言いたかったんでしょうか。ある時は「暴虎馮河」はダメだと言い、ある時は「千万人と雖も吾往かん」がよろしいと言っている。これでは読者は混乱してしまいます。

果たして、孔子は勇気についてどう考えていたのでしょうか。『孟子』の原文を徴して、孔子が勇気についてどう考えていたのかを、もう少し考えてみようと思います。まず原文を読んでみます。こんな文章です。

「吾かつて大勇のことを夫子に聞けり。自ら反みて縮からずんば、褐寛博と雖も吾惴れざらんや。自ら反みて縮ければ、千万人と雖も吾往かんと。(私は以前「大勇」とは何かということを孔先生に伺ったことがあります。すると先生は「顧みて、自分に理がないと思ったら、相手がぼろをまとった賤民でも私はおそれる。顧みて、自分に理があると思ったら、千万人が立ちふさがっても私はことの筋目を通すだろう」と答えられた。)」

ここで「吾」と言っているのは曽子という孔子の弟子の一人です。「夫子」は孔子のこと。孟子は曽子の弟子の子思のそのまた弟子に当たりますので、これは孟子が師匠から聴いた話を録したものなんでしょう。

さて、この引用にはまだその前段があります。この前段を読まないと、実はこの部分の意味もわからないのです。

「千万人」というフレーズがどういうコンテクストで出てきた言葉かというと、この章のテーマは「心が動く」ということでした。弟子の公孫丑が孟子に「心が動かない」というのはどういうことですかと訊ねたので、孟子がそれにはいろいろな種類、いろいろなレベルがあるということを具体的な実例に即して答えた中で、このフレーズが出てくるのです。

「心が動かない」例として、孟子が挙げた最初の一人は北宮黝（ほくきゅうゆう）という人です。この人は刃物を突きつけられても動ぜず、目の前に針を突きつけられてもまばたきをしないように訓練して「動かない心」を養いました。これができるようになると、相手が強者か弱者かで態度を変えないようになる。市井の人から辱めを受けても、大国の君主から辱めを受けても、ためらわずに刺し殺せるような人間になれる。そういうわりと剣呑（けんのん）な「動かない心」の例です。

もう一人は孟施舎（もうししゃ）という人です。この人は「勝てそうな場合でも、勝てそうもない場合でも、態度を変えない」ことで動かない心を養いました。これは用兵の心得としては適切です。たしかに、「敵が弱く、味方が強く、勝てる見込みがある時にしか戦わない」というのでは、指揮官として使い物になりません。勝てる見込みがない時にでも、人には戦わなければならないことがあります（そして、勝つことがある）。だから、「必ず勝つ」という保証がなくても、「恐れない」というマインドセットは保持しなければならない。

北宮黝も孟施舎も、どちらもかなり血なまぐさい例です。この時代における「勇気」というのは、おそらくそういう暴力的なシーンにおいて際立った仕方でその良否が問われる資質だったということなのでしょう。この二人の生々しい暴力の経験を踏まえた「動かない心」

を養うことの意義が示された後に、孟子は孔子の「大勇」についての言葉を引用したのでした。

読み比べてみると孔子の「大勇」が他の二人の「動かない心」とずいぶん手触りの違うものであることがわかります。それは、「自分に理がないと思ったら、相手がぼろをまとった賤民でも私はおそれる」と書いてあることです。

孟子がその前に引いた二人の例は「相手に勝つためにはどうすればいいのか」という問題意識に基づいて「勇気」を論じていたのに対して、孔子は場合によっては「相手に敗ける」ことも勇気の発現の一つのあり方として認めています。ここにどうやら決定的な違いがありそうです。

自分の側に理がなくて、それでも無理押しして勝つというのは「勇気」の現れではない。孔子はそう言います。自分の側に理がない時には、相手が弱者なので無理押しできる場合でも、「ごめんなさい」と身を退くのが「勇気」の現れである、と。

古典の引用を読む時は、必ずその前後の文言を調べて、どういう文脈でその言葉が語られたのかを吟味するようにというのは、僕の師匠の哲学者エマニュエル・レヴィナス先生の教えです。今回もその教えを守ろうと思います。

2500年前からの難問

『孟子』の場合、「千万人と雖も吾往かん」というたいへんインパクトのあるフレーズは広く人口に膾炙(かいしゃ)していますが、その前段の「自ら反みて縮からずんば、褐寛博と雖も吾惴れざらんや」の方はまず引用されることがありません。「褐寛博(毛織のだらだらの衣服を着ている賤民)」なんていう言葉は、僕だっていまのいままで意味を知りませんでした。

でも、どうやら孟子は「恐れない」ことだけではなく「恐れる」ことにも勇気は必要だという孔子の両義的で多層的な教えの方に叡智の深みを見出していたようです。相手が賤民でも王侯でも、辱めを受けたら、気にせず刺し殺すという北宮黝タイプのタフガイを「勇気のある人」と呼ぶべきか、相手が賤民でも、こちらが間違っていたら、「すみません」と謝ることができる孔子モデルを「勇気のある人」と呼ぶべきか。さて、どうなんでしょう。

でも、『孟子』の勇気についての話はここでぷつんと終わってしまうんです。そして次の「浩然(こうぜん)の気」の話題に移ってしまう。

孟子は弟子の公孫丑にも読者にも、「勇気問題」に即答することを求めているわけではありません。もちろん、「正解」を教える気もない。世の中にはこういう人もいるし、こういう人もいる。どちらが「勇気のある人」であるか、なぜそう判断できるのか、それは自分で考えなさい、と。いわば「オープンクエスチョン」として「勇気問題」を人々の前に差し出しているのです。さすがですね。「先生が教えた正解をただ真似て繰り返すのではなく、自分の答えは自分の頭で考えて、自分の言葉で語りなさい」と言っているのです。これは教育者として誠に適切な態度だと僕は思います。

つまり、いまから2500年前から「勇気とは何か？」は回答することのたいへん難しい難問であるということが知られていたということです。そして、多くの人が「勇気があれば勝てる」というふうに勇気の「実践的有用性」に軸足を置いて議論していたのに対して、孔子は例外的に「勇気があれば敗けることができる」という論を立てた。自分に理がないとわかっていながらあえて力で押して勝つのは決してよいことではない。そういう場合は潔く非を認めて、退く方がよい。そして、それには勇気が要るという「勇気」論のまったく新しい地平を切り拓いた。この「自分に道理がない時には退く」という勇気は「暴虎馮河の勇」とはまったく別のものです。さすが孔子ですね。

そういえば、『論語』泰伯篇にはこんな言葉もありました。

「天下に道あれば則ち見われ、道なければ則ち隠る。邦に道あるに、貧しくして且つ賤しきは、恥なり。邦に道なきに、富み且つ尊きは、恥なり。」（天下に道義が行われる世であれば、世に出て活動するが、道義なき世界においては隠棲する。道義が行われている国において貧しく賤しいことは恥だが、道義が行われていない国において富貴であり、権勢を誇っているのは恥である。）

道理がないのにもかかわらず、力押しで「勝つ」というのは、「邦に道なき時」に「富み且つ尊き」身分であるのと同じです。自分に理がないにもかかわらず、勝者であり、富者であり、強者であるのは「恥」である。孔子はそう言っています。自分に理がない時には「惴れる」のが人として正しい。そして、そのためには「大勇」が要る。孔子の勇気論はなかなかに複雑な作りになっています。

古谷さんからの質問は「少年期の向こう見ずな行動や粗暴は勇気と何か関係があるのでし

ょうか？」というものでした。僕からの答えは「関係はある」です。

古谷さんが熟慮の末ではなく、とっさに、ほとんど本能的に動いたという点から考えて、そこには何か「人としてやむにやまれぬもの」があったんだと思います。おそらく、それが「勇気」やあるいは孟子の別の言葉を借りて言えば「仁」の端緒になる。古谷さんの行為それ自体が勇気の発動であるということではなくて、その行為は人がそこから「勇気とは何か」について考え始める長い道筋の端緒であるということです。

今日も長くなってしまいましたので、この辺にしておきます。

古谷さんからはできたら具体的な事例（できたら、「どうしていいかわからず困った事例」）をいろいろ挙げてもらいたいと思います。それが「勇気」とか「道義」とか「仁」とかいう基準から見ると、どう見えるのか、どう評価すべきなのか、そういう研究を一つずつ重ねてゆけば、だんだんテーマが立体的に見えてくるのではないかと思います。次回もどうぞよろしくお願い致します。

（2022年6月28日）

3通目

3通目の手紙

「ネクタイ締めてるやつは信用するなよ」と父に言われたのですが……。

内田先生

まさか、「論語」の話が返ってくるとは。

どんなボールが返ってくるのか予想できないというのが、この往復書簡の面白さなんですね。次に何を質問しようか、頭をめぐらせているのですが、そのこと自体が私にとって楽しみになっています。編集の仕事を長くやってきましたが、経験したことのない感覚です。

先日、旧知の漫画編集者の方と話していた時のことです。彼は内田先生の大ファンで、この往復書簡のことも先生のtweetで知っていました。そして、アンケートをまったくとらない漫画編集者がいるってことを伝えて欲しいと言われました。実際、彼の担当する漫画は、オリジナリティあふれるものです。

それはともかく、彼の実家は町工場で、子どもの頃、サラリーマンというのがどういうものか知らなかったので、会社に入ってから戸惑うことが多かったと言うのです。それを聞き、実は私もそうですと答えました。漁師町で育ったため、周りの大人はほとんどいわゆる自営業。通勤している人はテレビでしか見たことはありませんでした。水産関係者も農家の人も、お天道様次第、季節によって忙しかったり、極端に暇だったりという長閑なところでした。

話の流れで、小学校の頃、無口だった父が、突然私に向かって「ネクタイ締めてるやつは信用するなよ」と言ってびっくりしたという話を彼にしたところ大受けし、それをぜひ内田さんへの手紙に書いた方がいいとアドバイスされました。なるほど、至言なのかも知れないな、と思い、こうやって書いてます。

後から考えると、たぶん、その時、父は「ネクタイ締めてるやつ」に嫌な目にあわされていたんでしょうね。

地方は地方で足の引っ張り合いはあるし、何より世間体を気にする。都会は日常の人間関係は楽な面があるものの、孤独を生み出しやすい。
地域共同体が企業共同体に移行し、それが崩壊する中で、何かが失われた。その一つが勇気かも知れないなと思った次第です。「ネクタイ締めてるやつ」が多くなり過ぎたせいなのかも知れないな、と。

自営業の家に生まれようと、サラリーマン家庭に生まれようと、勇気のある人はいるし、ない人はない。でも、どこか生まれ育った環境がなんらかの影響を与えるのかも知れない。育った環境には、もちろん時代も含まれます。いま勇気が足りなくなったのは、勇気の芽をどこかで摘んでしまっているのかも知れないなと思ったのですが、どうでしょうか?

1960年代というのは、混沌としていた時代だったように思います。
何が正しいかということを教えてくれる人もいなくて、もちろん教師は「でもしか」が多くて、子どもは子どもで自分なりに考えなくてはいけないと思ったりしていたように思います。

そういった背景もあって、「ネクタイ締めてるやつは信用するなよ」という父親のつぶやきは、忍び寄る管理の影として父親がなんとなく言ったことだと思うのですが、いまでも記憶に残っているんだと思っています。

（2022年7月1日）

3通目の返信

「信用できる人間」の見極めは死活問題です。

古谷さま

こんにちは。内田樹です。

返信が遅くなってすみません。

7月中旬からたいへんな忙しさで、月末から旅が続いて、ようやく一昨日「死のロード」が終わり、個人的な夏休みに入ったところです。

凱風館も門人の間でコロナ陽性者が多発して、休館に追い込まれて、お稽古もしばらくは休止です。というわけで、昨日から「とりあえず緊急にすることのない日々」が始まりました。こうしてしばらくはデスクトップのわきに押しやられていた原稿群との再会を果たしつつあります。ようやく古谷さんからの手紙にご返事できる時間がとれました。

「哲学を持っていない人間を信用するな」

古谷さんのお父上が「ネクタイ締めてるやつは信用するなよ」と言った話、僕も似たようなことを亡父から言われたことがあります。

父自身はホワイトカラーで「ネクタイ締めてるやつ」でしたので、父が僕に繰り返し語ったのは「信用できる人間かどうかは、その人物の地位や学歴とは関係がない。哲学を持っていない人間を信用するな」ということでした。

父は満洲事変の年、19歳で北海道から満洲に渡り、敗戦の翌年に北京から帰国しました。15年間大陸にいて、満洲国の建国、日華事変、敗戦を経験したわけです。その過程で、とりわけ敗戦前後において大陸で、それまで軍の威光を背景にして「いい思い」をしてきた人々がどのように慌てふためいて逃げ出したのか間近で見ることになった。たぶんその時に「信用できる人間」と「信用できない人間」を見極めていることが死活的に重要だということを父は思い知ったのだろうと思います。

そういう時に平気で仲間を見捨てて逃げる人間がいる。逆に約束を重んじる人間がいる。それはその人たちのそれまでの地位や学歴とは無関係だった。それまで偉そうにふんぞり返っていた連中が敗戦となると部下や同僚を見捨てて逃げ出し、逆にそれまで黙々と働いていた軽輩（けいはい）の中にも誠実な人や信義に篤い人がいて、窮地にある仲間に手を差し伸べた。そのことを骨身にしみて父は学んだのだろうと思います。

父が「哲学を持っている人間」という言葉で言おうとしていたのは、「世間の人々」がどう言おうと、どうふるまおうと、ことの筋目を通す人のことだろうと思います。自分なりの条理を維持していて、損得勘定や私利私欲で言動がぶれない人間。そういう人間しか「いざという時」には頼りにならない。「哲学を持っている人間かどうかよく見定めろ」と幼い僕に繰り返し教えたのは父が「哲学を持っている人間」によって窮地から救われたという個人的な経験があったからだろうと思います。会った人間がすべて信用ならないエゴイストばかりで、裏切られ続けていたら、そんな言い方をするはずがありませんから。

父がそんなことを僕に教えたのは、僕が小学生の頃でした。もう「哲学」という単語を読めるくらいの年齢だけれど、その語が何を意味するのかはまだよくわからないくらいの年です。1950年代の終わり頃だったと思います。その頃から後になると、父はまったく戦争のことを話さなくなりましたから。「哲学を持っていない人間を信用するな」という言葉も父は口にしなくなりました。

時代は高度成長期に入るところでした。電気洗濯機や冷蔵庫やテレビや自家用車が生活を近代化した頃になると、「人を見る目がないと、生き死ににかかわる」というような緊張感を保つ必要がなくなったのかも知れません。

でも、小学生の僕の身に父の「忠告」は深くしみ込みました。意味がわかったからではありません。意味なんかわからなくても身体にしみ込む言葉というのはあります。そういう言葉は長い歳月をかけて噛み砕き、咀嚼（そしゃく）して、いつの間にか血肉化する。

僕は「哲学を持つ」ということをその時にはとりあえずは「勇気を持つこと」と読み換えました（「勇気」の意味については子どもでもおおよそわかっていましたから）。自分が正しいと思ったことについては退かない。相手が多くても、相手が力が強くても、理不尽なことについては「それは理不尽だ」と言う。もう一つは「一言を重んじる」ということです。約束したことを勝手な自己都合で反故（ほご）にしてはならない。「やる」と言ったことはやる。勇気があり、一言を重んじる人間であれば「生き死にがかかった場面」で「信用できる人」と思ってもらえるはずだからです。

もちろんこちらは中学生高校生ですから、ふつうはまず「生き死にがかかった場面」などに遭遇する機会はありません。でも、もし万が一そういう場面に遭遇することになったら、「あの人は信用していい」と言われるような人間になろうと幼い内田少年は決意したのでした。

人を見る目を鍛える

個人的な思い出をつい長々と書いてしまいました。

古谷さんのお父さんが「ネクタイ締めてるやつを信用するな」ということを言ったのは、額面通りの意味ではないと思います。別にどんな条件づけだってよかったと思います。「口のうまいやつ」でも「偉そうにしているやつ」でも「陰口をきくやつ」でも、なんでもよかったんだと思います。

こういう教訓が教えようとしているのは、世の中には決して信用してはいけないタイプの人間が存在するという経験知です。それがどういうタイプの人間であるかはいろいろな形容の仕方があります。でも、どういう言い方をしても共通しているのは「世の中には決して信用してはいけないタイプの人間がおり、そういう人間を検出することは容易ではない。しかし、場数を踏むうちにそういう人間たちに共通しているある種の傾向がわかってくるはずだ」という教えです。これは親たちが子どもがある年齢に達した時に教えておかなければならないことだと思います。

「ある年齢に達した時」という条件がつくのは、あまり幼い時から「世の中には信用してはいけない人間がいる」ということを口うるさく教え込むと、成長の妨げになりかねないからです。

幼い子どもにまず必要なのは「学ぶ」ことですけれど、そのためには心を開いて他者に接する無防備さがどうしても必要です。ある種の無防備さが子どもには必要です。それを欠いたら子どもは小さく固まってしまう。子どもたちにのびのび成長して欲しいと思ったら、まず人を信じること、人に身を預けることから教えなければなりません。まず「誰も君を傷つけない」という保証を与えなければいけない。子どもが親の100パーセントの保護下にある間はそれが可能です。
でも、いつまでも親元にとどめて「温室育ち」にしておくわけにはゆきません。子どもたちはいつかは「世の中」に踏み出してゆかなければならない。どこかで自分を守る手立てを身につけなければいけない。「世の中には決して信用してはならない人間がいる」というのは、「周りの人は誰も君を傷つけない」ということを教えた後にはじめて教えるべきことだと思います。二つ同時には教えられません（子どもだって混乱しちゃいます）。ものごとには順序があります。まず「信じること」を教え、それから「信じてはいけない場合」を教える。「人を見る目を養う」必要がある。そのための教育は、伝統的にはだいたい10歳くらいから始まったのではないかと思います。

でも、いまの日本では、家庭教育でも学校教育でも「人を見る目」を養うということは優先的な課題ではありません。少なくとも、僕は親たちからも教育現場の人たちの誰からも「人を見る目を養う」ことが教育目標の一つであるという言明を聴いた覚えがありません。でも、「人を見る目」を養うというのは、ものすごくたいせつなことだと思いませんか？

「だまされることもひとつの悪である」

　このところメディアを賑わせている統一教会の問題についていろいろな専門家がいろいろな知見を語っています。政治学者は政教分離について語っています。霊感商法の被害者弁護団の人たちは「カルトの法規制」について語っています。大学でカルトの勧誘から学生たちを守る仕事をしている教職員たちは、「カルトの外形的な見分け方」を教えています。みなさん、当然なされるべき仕事をされていると思います。でも、どこにも「人を見る目を養え」と教える人がいない。

　自分のところに接近してくる人間が「信用できる人間」かそうでないかを見極める鑑定力があれば、カルトに洗脳されるリスクはかなり軽減されます（ゼロとは言いませんが）。そのためには10歳くらいから、大人たちは「世の中には決して信用してはいけないタイプの人間が存在する。その特徴は……」ということをそれぞれの経験知に基づいて子どもたちに伝えておくべきだったと思うのです。

敗戦直後に映画監督の伊丹万作（伊丹十三のお父さんです）は『戦争責任者の問題』というとても印象的な文章を書いています。それは今度の戦争を振り返って「私はだまされていた」という総括をする人々をきびしく批判したものです。自分は無知だった、自分は人が好過ぎた、自分はイノセントだった、だから「だまされた」のだという言い方で戦争責任を忌避しようとする人たちに伊丹は手厳しく筆誅を加えました。その一部を引用しておきます。ちょっと長いですけれども、できたら音読してみてください。

「さて、多くの人が、今度の戦争でだまされていたという。みながみな口を揃えてだまされていたという。私の知つている範囲ではおれがだましたのだといつた人間はまだ一人もいない。ここらあたりから、もうぼつぼつわからなくなつてくる。多くの人はだましたものとだまされたものとの区別は、はつきりしていると思つているようであるが、それが実は錯覚らしいのである。たとえば、民間のものは軍や官にだまされたと思つているが、軍や官の中へはいればみな上のほうをさして、上からだまされたというだろう。上のほうへ行けば、さらにもつと上のほうからだまされたというにきまつている。すると、最後にはたつた一人か二人の人間が残る勘定になるが、いくら何でも、わずか一人や二人の智慧で一億の人間がだませるわけのものではない。

　すなわち、だましていた人間の数は、一般に考えられているよりもはるかに多かったにちがいないのである。しかもそれは、『だまし』の専門家と『だまされ』の専門家とに劃然（かくぜん）と分れていたわけではなく、いま、一人の人間がだれかにだまされると、次の瞬間には、もうその男が別のだれかをつかまえてだますというようなことを際限なくくりかえしていたので、つまり日本人全体が夢中になつて互にだましたりだまされたりしていたのだろうと思う。（…）私は、試みに諸君にきいてみたい。『諸君は戦争中、ただの一度も自分の子にうそをつかなかつたか』と。たとえ、はつきりうそを意識しないまでも、戦争中、一度もまちがつたことを我子に教えなかつたといいきれる親がはたしているだろうか。

　いたいけな子どもたちは何もいいはしないが、もしも彼らが批判の眼を持つていたとしたら、彼らから見た世の大人たちは、一人のこらず戦争責任者に見えるにちがいないのである。

　もしも我々が、真に良心的に、かつ厳粛に考えるならば、戦争責任とは、そういうものであろうと思う。（…）

だまされたということは、不正者による被害を意味するが、しかしだまされたものは正しいとは、古来いかなる辞書にも決して書いてはないのである。だまされたとさえいえば、一切の責任から解放され、無条件で正義派になれるように勘ちがいしている人は、もう一度よく顔を洗い直さなければならぬ。

しかも、だまされたもの必ずしも正しくないことを指摘するだけにとどまらず、私はさらに進んで、『だまされるということ自体がすでに一つの悪である』ことを主張したいのである。

だまされるということはもちろん知識の不足からもくるが、半分は信念すなわち意志の薄弱からくるのである。我々は昔から『不明を謝す』という一つの表現を持つている。これは明らかに知能の不足を罪と認める思想にほかならぬ。つまり、だまされるということもまた一つの罪であり、昔から決していばっていいこととは、されていないのである。」

傍点をふったのは僕です。「だまされること自体がすでに一つの悪である」という伊丹のこの言葉は、カルトの被害者についてあてはめるとたいへん残酷な言葉のように聞こえるでしょうけれども、僕は傾聴すべき知見だと思います。

「人を見る目」があれば、相手が政治家であれ軍人であれ教師であれ、あるいは宗教家であれ、簡単にはだまされない。「人を見る目」を養い、その人の地位や社会的威信や学識などにかかわらず「信用できない人間は信用しない」という見識を肚にしっかり納めておけば「日本人全体が夢中になつて互にだましたりだまされたりしていた」というような無残な事態は避けられたはずです。

このきびしい言葉は、当時の日本人の耳にどう届いたのでしょうか。たぶん、あまり届かなかったのだろうと思います。届いていれば、いまの日本が「こんなありさま」になっているはずはないからです。

長くなり過ぎたので、今日はこのくらいにしておきます。

ではまた。


（2022年8月13日）

4 通目

4通目の手紙

職員室に呼び出された記憶を思い出しました。

内田先生

私がネクタイの話など持ち出したもので、本題とはちょっとずれてきているかも知れないなとも思ったのですが、着地させていただき、ありがとうございます。

「人を見る目」ということも、「勇気」と同じく、あまり最近使われなくなった表現かも知れません。そういう時代になったというわけですね。

「勇気」について、その「核」となるものは何か、それを育むのは何なのか、としつこく伺おうと思ったのですが、そこに行く前に今回もまた、個人的なエピソードから始めることとします。ちょっと回り道になるかも知れませんが、お付き合いください。

高校1年の時のことです。自転車窃盗団の一味として事情聴取をされたことがあります。授業中に職員室に呼び出され、中学生の後輩が現行犯で捕まり、私にそそのかされてやった、と供述していると言うのです。

友人が首謀者だったことはなんとなく知っていたのですが、面倒だと思って、何も知りません、で押し通しました。しかし、嫌疑は残り、しばらく学校に来なくていいということになりました。

一週間くらい経って、久しぶりに登校すると、なんだか様子がおかしい。なんと話しかけていいのかわからないのか、誰も近づいてきてくれません。

トイレに立った時、「不良」の一人が、他がいっぱい空いているのに、わざわざ私の隣まで来ました。例の件で恫喝(どうかつ)でもされるのかなとビクビクしていたのですが、用を足しながら「お前のことは信用しているから」と一言だけ残して去っていきました。なんだか、ずいぶん助かった気持ちになったことが記憶に残っています。

私にまったく非がなかったわけではありません。そういうことをやっていたのは知っていたし、それで入手した自転車を利用したことも、たぶん、あった。それなのに本来なら主犯であろう友人を問詰することもせず、そのままにしておいた自分の情けなさにもほとほと呆れてもいました。

停学期間中、生活指導の先生に、読書感想文を書くように言われ、三島由紀夫の『金閣寺』を読んで、「犯人の気持ちがよくわかった」と書いたら、失笑されたのも、もう一つ、妙な感触として記憶に残っています。

自分で招いた「孤立」の時間でした。本人としては、孤独感と正義感と疎外感の中、もがいていたのかも知れません。でも周りから見ると「変なやつ」にしか見えなかったことでしょう。

そして、その時、僕は勇気に気づいた、という話では、もちろんありません。でも、これが、先生に勇気について往復書簡にしようと言われた時、まっさきに浮かんだ記憶でした。無理やり、本題に結びつけると、自分の中にある何かに触った瞬間なのかも知れません。それがどう勇気とつながるのかは、わかりませんが。

重ねて無理やり質問風にしますと、こういった「難しい時期」を人はどう過ごしたり、立ち向かったりすればいいのか。また周りの大人たちはどう対処すればいいのでしょう。

（２０２２年8月18日）

4通目の返信

ルールよりも直感に従うこと。味わい深いエピソードですね。

古谷さま

こんにちは。お手紙頂いてから、だいぶ時間が空いてしまいました。すみません。ものすごく忙しかったんです。もう古希を過ぎていて、後期高齢者も目の前というのに、見苦しい限りです。世間の人使いが荒いのか、僕のわきが甘いのか、どちらかわかりませんが、「隠居」とか「晴耕雨読」とか「琴棋詩酒（きんきししゅ）」とか「悠然として南山を見る」とか、そういう老境の楽しみ方とはまったく無縁の日々をばたばたと送っております。

理由の一つは僕と同年齢か、それより上の人たちはみんなぼちぼち仕事を減らす方向に向かっているからです。計画的な「店じまい」ということもあるし、病気をされたり、体力が落ちたりという不本意な理由から仕事を減らさずにはいられないということもあると思います。それは仕方がない。そういうふうに順送りで若い世代に仕事を手渡して隠居するというのが世の習いですから。

でも、ある年齢以上の人間ではないと「言えないこと」ってあります。「クレージーキャッツの『おとなの漫画』のインパクトはどんなものでしたか?」とか「'64年の東京五輪の時の国民的な盛り上がりはどうでしたか?」とか「はじめてラジオからビートルズの『プリーズ・プリーズ・ミー』が流れてきた時にどう感じましたか?」とかいう質問にはその時代のリアルタイムを生きている人間しか答えることができません。実際、このところ僕のところに来る取材って、そういうものが多いんです。「現代史の生き証人である古老に訊く」という感じの。

少し前に『三島由紀夫vs東大全共闘』の公開討論会が行われた1969年5月の東大キャンパスの「時代の気分」はどういうものでしたかという取材を受けました。映画監督は40代の方でしたから、その時にはまだ生まれてないんです。僕はその時リアルタイムで駒場の900番教室にはいなかったのですが、その11か月後に同じキャンパスの空気を吸ったので、

「時代の空気」くらいなら証言できます。

でも、よく考えると、それって、僕が二十歳の頃に、戦前を知っている老人に向かって「満洲事変の頃の時代の空気」とか「三国同盟締結を歓呼で迎えた民衆の気分」を訊いているようなものなんですよね。すごい、オレもう古老なんだ……とちょっと感無量でした。

その後も「1967年の羽田闘争の時の山崎博昭君の死の衝撃」とか「1972年の早稲田大学内ゲバ殺人事件の頃の学生運動の停滞」とかについて「古老の証言」を求められました。もしかすると映像作家やドキュメンタリストの間で「取材すると機嫌よくしゃべる古老」リストがあって、そこに僕の名前が出ているのかも知れません。同世代にはもっと劇的な経験や深い知見を有している人がいくらもいるんですけれど、たぶん彼らには個人的なこだわりがあって、こういう取材に軽々には応じることができないんでしょう。

そういうわけで「ある年齢以上の人間ではないとなかなか言えないこと」についてのメディアサイドからの需要が一定あるにもかかわらず、他の「古老」たちが徐々に「店じまい」に入っているせいで、僕のところにその「しわよせ」が来ているみたいです。そのせいで年甲斐もなくいつまでも「ばたばた」しているのであります。以上、最近たいへん忙しいので、ご返事が遅れたことについての言い訳でした。

自分のヴォイスを発見する

さて、今回もなかなか「味わい深い」エピソードですね。僕、こういうのけっこう好きなんです。よく意味のわからない出来事。どうしてそんなことを自分がしてしまったのか、後から考えてもうまく説明ができない行動。そういうのを、ふつうは面倒くさいから「蓋をして」記憶のアーカイブの隅の方にしまい込んでしまいますけれど、実はこういうエピソードこそ人間の「深さ」「複雑さ」についての情報の宝庫でもあるのです。

僕は大学で何度か「クリエイティブ・ライティング」の授業を担当したことがあります。学生たちにショートエッセイを書かせて、彼らが自分の「ヴォイス」を発見する作業を支援するというのが授業の目的でした。

その人の「ヴォイス」というのは、ただの個性的な文体、特徴的な語法ということではありません。「その文体だと、これまで一度も言えなかったこと、誰にも話したことがない話ができるような文体」のことです。定型文をいくら覚え込んでも、語彙を増やしても、修辞が上達しても、それだけでは「ヴォイス」を獲得することはできません。どこかで「清水の舞台から飛び降りる」ような文体上の冒険をしないと自分の「ヴォイス」には出会えない。

授業で試行錯誤を繰り返しているうちに、だんだんどういう時に学生たちが自分の「ヴォイス」に触れるのか、その機微がちょっとわかってきました。その一つが自分でもよく意味のわからない経験について書いている時なんです。

何かのきっかけでふと思い出した過去の出来事がある。それが自分にとって何を意味するのかがわからない。どういう前段があってそうなったのかがわからない。それがのちの自分にどういう影響を及ぼしたのかもわからない。そういう経験をふと思い出すことがあります。それはその経験を記述できる文体（それが自分の「ヴォイス」です）に指先が触れたということなんです。オチも教訓も何もないけれど、妙にリアルな話を書けるような文体を手に入れたとしたら、その人は自分の「ヴォイス」に向かって正しく歩んでいる。そう言ってよいと思います。

別に僕の方から「オチも教訓もない話を書いてください」というような課題を学生に出したわけじゃないんです。何か月か授業をしているうちに、学生たちがだんだん「筆が走って」くるようになる。その頃に「写生」を課題に出す。「写生」というのは正岡子規が述べたように、「天然を写す」ものです。「平淡の中に至味（しみ）を寓（ぐう）するもの」です。だから、見たもの、経験した出来事をそのまま書いてもらう。「ストーリー」に仕立てる必要はありません。起承転結も要らないし、余分な意味づけも要らないし、解釈もしなくていい。ただ写すだけです。そうすると、巧まずして不思議な味わいの短編小説のようなものを書いてくる学生が出てきます。そして、それを転機にして、一気に、ほとばしるように書き出す（ことがある）。それを僕は教師として何度も経験しました。

一言では言えないこと

古谷さんが手紙の中で「片づかない話」をし始めたのは、その経験の奥底に「勇気」や「倫理」や「矜持」など、扱いの難しいものに触れる手がかりがあると直感したからだと思います。本論考の主題は「勇気」ですけれども、それは「倫理」や「矜持」や「自己規範」のいずれとも深いかかわりがあります。

前に孟子の一節を引きました。「自ら反みて縮ければ、千万人と雖も吾往かん」というあれです。僕はこの一文が勇気を考える時に、絶えず立ち返って参照すべき一文だろうと思います。ここに勇気の本質が集約されているとか、すべてが表現されているという意味ではなくて、この一文と突き合わせることで、勇気とは何かについて、とても一言では言えないという気分になってくるからです。それでいいんです。それがいいんです。ほんとうにたいせつな概念というのは「とても一言では言えない」ものです。だから、それについて語り続けなければならない。

よく議論する前に「まずこのキーワードを一意的に定義してから話をしようじゃないか」ということを言い出す人がいますね。術語の定義が人によってばらばらのままだと議論が少しも嚙み合わないから、まず定義をきちんと決めておいてから話を始めよう、と。でも、これはまったく無意味な発言だと思います。だって、議論が起きるのはそもそもそこで論じられている概念が一意的な定義をいまだに獲得していないからなんです。みんなが頭の中で勝手な定義を下しているから、問題が起きる。

だから、そこから議論を始めてぜんぜん構わないんです。最初のうちは話が支離滅裂でも、そのうちにだんだん論脈が整ってきて、重要な論点が明らかになってくる。そして、議論が終わった頃にようやくキーワードの定義についてある程度の合意形成が成り立つ。そういうものなんです。定義は議論の前じゃなくて、後に成立するものなんです。

一意的な定義のない語は使わないようにしようと言ったら、例えば「神」という語を使うことができなくなります。「神」というのは「人知を超えたもの」なわけですから定義不能です。でも、僕らは定義不能の「神」という語を使って、いくらでも議論できるし、かなり深い人間的知見をそこから引き出すことだってできる。

だから、「勇気」だってそれでいいと思うんです。「まず勇気とは何かを定義してから話を始めませんか」と言われたら、僕は何も書き始めることができなかったと思います。「勇気とは何か」と問われたら即答できない。それでも、なんとなく「勇気に関係がありそうな話」はわかる。それを一つ一つ吟味してゆくうちに、勇気とは何かについて、だんだんとその全容が明らかになってくる。僕はそういうふうに考えています。

身銭を切る覚悟

という長いマクラになりましたが、古谷さんの経験について考えてみましょう。

この経験についての古谷さんの回想のポイントは「面倒だと思って」犯人の名前を知らな

いと言い続けたというところにあると思います。

「面倒だと思った」のはこの場合はどうふるまうのが適切なのか、自分には判断ができないと思ったからです（と勝手に決めつけてすみません）。AかBかどちらかを選べと言われたけれど、「選べない」と思ったので、「答えない」を選んだ。

窃盗はよくないことである。級友が犯人だろうと教師に告げるのもよくないことである。どちらの「よくなさ」がより重いのか、自分には判定ができない。教師に加担するか、級友に加担するか、自分は決めかねる。自分がどちらかに加担したら、状況はいまよりさらに悪いものになるかも知れない。だから「判定しない」を選んだ。そしてそれによって古谷さんは罰を受けた。

なんか不条理な話に思えますけれど、実はこの話少しも不条理じゃないんです。これは「仲裁」というメカニズムの原型に従って生起した出来事だからです。またまた変な話になりますけれど、仲裁とはどういうものかについてちょっと寄り道しますね。

歌舞伎に『三人吉三廓初買』という河竹黙阿弥作の有名な作品があります。こんな話です。

悪党のお嬢吉三が夜鷹を殺して、彼女が持っていた百両を奪います。そこに別の悪党のお坊吉三が現れて「その金をよこせ」と言ってきたので、争いになります。そこに三人目の悪党の和尚吉三が現れて喧嘩を止めます。この和尚吉三の仲裁のやり方がなかなかに奥深いのです。

和尚吉三は百両を二つに分けて、お嬢吉三とお坊吉三に五十両ずつ渡します。そして、取り分が半分になったのでは二人ともに納得がゆくまいから、あとの五十両分は、このオレの両腕を切り落として、一本ずつ受け取って、それで帳尻を合わせちゃくれまいかと「仲裁」するのです。これを聞いたお嬢吉三とお坊吉三は、和尚吉三の侠気を多として、三人で義兄弟の契りを結ぶ……そういう物語です。

和尚吉三が仲裁に成功したのは、百両を二等分したからではありません。不足分はオレの両腕を斬って納得してくれと提案したからです。和尚吉三には別に悪党二人の喧嘩を自分の両腕を失ってまで仲裁する義理はありません。でも、彼はこのような争いは誰か第三者が犠牲にならないと収束しないということを知っていました。仲裁というのはただ「正しい解」を提示したら成立するというものではありません。仲裁者は「身銭を切る」覚悟が必要です。引き受ける義理のない痛みを引き受ける者にしか仲裁者の資格は与えられない。これはほとんど人類学的真理とでもいうべきものだと思います。だからこそお嬢吉三もお坊吉三も、一瞬でその趣旨を理解し、和尚吉三を「兄貴分」として上位に据えることに同意した。

高校生の古谷さんのふるまいは、和尚吉三のそれと外見はずいぶん違いますけれども、「引き受ける義理のない痛みを引き受けた」ことによって教師と生徒の間に生じかけていたかなり剣呑な事態を収めたという点では実は構造的には同じものなのだと思います。

古谷さんは教師と生徒のどちらに加担すべきかわからなかった。どちらかに加担すればそこに生じる対立はかなり傷の深いものになりそうだと思った。もし、自分が「引き受ける義理のない処罰」を引き受けることでこの対立が激化することを防げるなら、それで仲裁を果たそう、そう考えた。実際には「考えた」わけじゃなくて、「直感した」のでしょう。でも、それは集合的無意識に根差す知恵ですから、高校生には説明がつかない。だから「面倒になって」、つまり高校生の叡智的判断の手に余ることだと「わかった」ので、直感に従うことにした。

古谷さんが「勇気論」という企画を思いついた時に、まずこの高校時代のエピソードを思い出したというのは、そういう意味では味わい深いことだと思います。

この時の古谷さんのふるまいを「勇気のある行為」であると評する人はたぶんあまりいないと思います。でも、これが「勇気にかかわる」行為であることは間違いありません。勇敢なふるまいというのは、明文化されたルールや「なすべきことのリスト」に従うことではなくて、集団の一員として自分が何をすべきかがわからなくなった時に、直感に導かれるままに「集合的無意識に根差す知恵」に従うことだからです。たぶんそうだと思います。

長くなりましたので、今日はこのくらいにしておきます。また次のお手紙で個人的に当惑したエピソードをご紹介ください。今回のはすごく面白かったです。では。

（2022年9月8日）

5 通目

5通目の手紙

きっかけはユーミンでした。

内田先生

またもや、的外れなエピソードを書いてしまって、内田先生を戸惑わせているのではと、ヒヤヒヤした毎日を送っていました。まさに「オチのない話」に脈絡をつけていただき、ありがとうございました。勇気という本題とどんどん離れていってしまうと心配していたのですが、想定しない方向から本題に切り込んでくる文章の流れに戦慄を感じました。ありがとうございます。

すぐに、次のエピソードを送ろうと思っていたのですが、最初の手紙で多少愚痴っぽく書いていたプロジェクトが同時に進み始め、少し余裕がなくなり、手をつけられないでいました。自分の中で、思いついてしまったことはやった方がいいと思ってはいたのですが、いざ始めると、先が見えなくスリリングなことばかりです。

多くの人がどうやったらうまくいくかわからないと思うなかで、大きな方向だけが見えている（ような気がしている）。失敗するかも知れないけど、そこに向かって進めば、たぶん何かが変わるという感覚です。うまくいかなきゃ、やめればいいだけ。

ということを書いていて浮かんできたのが、高校時代のことです。

とりたてて才能があるわけでも、抜群に頭がいいわけでも、またこういう職業につきたいという夢があるわけでもない凡庸な若者にとって、進路を決めるというのはたいへんなことです。

友人たちが、偏差値がどうとか、専門がどうとか話をしているなかで、私にはぼんやりとですが、こうしたいというイメージがありました。

きっかけはユーミンでした。

笑わないでくださいね。ちょっと説明します。

当時の田舎の中高生にとって、一番の情報源はラジオでした。深夜放送から流れてきた、ユーミンの『ベルベット・イースター』に衝撃を受けたのです。いままで、日本語の歌では聴いたことのないメロディと現実離れした詩、未知の世界でした。その体験から始まって、当時はニューミュージックと言われていた世界に親しむようになりました。こういうことが生まれているのは、東京だ、東京に行くしかない、と心のどこかで思っていたのです。

一方で、受験勉強をしている学生としては、現実的に何大学の何学部を志望するのか、ということを考えてなくてはいけません。自分の得意な学科とか、現実的に合格しそうなところはどこかとか、友人たちとはそういう話ばかりしています。子どもっぽい願望と現実の間でふっきれず、当然受験勉強など手がつきません。

それが高校3年生になるにあたって、自分の中でなぜか消化されていった。自然と自分が進みたい方向が決まっていました。自分の中では必然でした。そこから本格的に受験勉強を始めることができました。

その時、具体的に何かを決めたということではないんです。でも、こっちの方向に行く方が絶対に自分は楽しいだろうし、そうしないとたぶん自分はダメになるというイメージが浮かんだんですね。自分がそっちに行ってはいけないという身体からのメッセージの方が強かったのかもしれません。

パウロ・コエーリョが『アルケミスト』の中で書いていた

本当に何かを望んだ時
宇宙のすべてが協力して
夢の実現を助けてくれる

という文章があって、とても好きなのですが、自分としてはそれくらい高揚した気分になっていたのかもしれません。

いつものようにとりとめのない話になってしまってすみません。

勇気論に何かつなげていただけたらいいのですが。

（2022年9月15日）

5通目の手紙　その2

「勇気前」と「勇気後」で、見える世界が変わりますね。

内田先生

最初にこの「勇気」の話をしてから、5か月が経とうとしています。この間、内田先生の多忙さに拍車がかかっているようですね。

世界で「想定外」のことが頻発し、先生のお話を聞きたい人たちが列をなしている光景が浮かびます。それも多種多様な人たちでしょうが、（たぶん）先生の答えられていることは首尾一貫なさっていることと思います。

なぜ先生のおっしゃる「勇気」に反応したのか、改めて考えてみました。

たんに自分を取り巻く環境への不満だったと思っていたのですが、勇気に関係するのではないかと思う出来事を書くにつれ、気づいたことがあります。

勇気は、生物としての自分が脱皮するためのものだったかも知れないな、と。

幼虫がサナギになるように、そしてサナギが蝶になるように、「変態」のための心身反応に過ぎなかったのかも知れないな、と。

その証拠に、「勇気前」と「勇気後」で、見える世界が変わっている。


先生から極私的なエピソードをどんどん送ってくれと言われておきながら、こんな抽象論になってしまってすみません。具体的なことをずっと考えているうちに、ふと湧いてきたことって意外と大事なのかも知れないなと思い、お送りします。

（2022年11月2日）

5通目の返信

僕は、無言の圧力に耐えて朗らかに笑う大瀧詠一に感動しました。

古谷さま

こんにちは。内田樹です。

ラジオから流れてきた一言が人生の岐路になった……という話を前に高橋源一郎さんから聞いたことがあります。高橋さんの場合は中島みゆきの『オールナイトニッポン』。高橋さんは大学を中退した後に、建築現場で長く働き、いろいろ資格もとって、なかなか稼ぎのよい職人になっていたそうです。29歳の大晦日の日に部屋でこたつに入って、焼酎を飲みながらラジオを聴いている時に、ふっと「あ、この人、オレと同い年くらいなんだ」と気がつき、

「そうだ。小説書こう」と思い立ったんだそうです。別にラジオで中島みゆきさんが高橋さんを奮起させるような言葉を語ったとか、そういうことではなくて。でも、声を聴いているうちに、ふと小説が書きたくなった。そういうことってあると思います。

「あ、こういうの、ありなんだ」

僕はラジオじゃなくて、カセットデッキからですけれど、大瀧詠一さんの『楽しい夜更かし』を聴いた時です。仲間たちとスキーに行って、麻雀をやっていたんです。その時に一人がカセットデッキを取り出して、「麻雀やるなら、BGMはこれだな」と言って、大瀧さんの新譜『Niagara Moon』収録の『楽しい夜更かし』をかけた。「気の合う仲間集まりゃ　楽しいよ　すぐに始まる麻雀　楽しいよ　一荘　二荘　止められない止まらない　楽しい夜更かし　明日は休み」というのが一番の歌詞です。

僕は文字通り雷に打たれたような衝撃を受けました。なんていうんだろう。「あ、こういうの、ありなんだ」ということですね。分厚くて、はねるような本格的なニューオリンズサウンドをバックにして、大瀧さんが黒人のブルースシンガーのような歌唱法で、クレージーキャッツみたいな歌を歌っている。ふつうだったらあり得ない組み合わせです。冗談なんだけれど、本格的な冗談なんです。たいへんな手間暇をかけて何の役にも立たない「麻雀の歌」を作って、歌っている。

スキーから戻ってすぐに僕は自由が丘のレコード店で『Niagara Moon』を買って、擦り切れるほど聴いて、ラジオ関東で大瀧さんが『Go! Go! Niagara』というDJ番組をしていると知ると毎週聴いて、それ以後、新譜が出るたびに発売初日に買いに行くという気合の入った「ナイアガラー」になりました。

古谷さんはご存知だと思いますけれど、それから30年くらい後になって、僕がナイアガラーであることを聴き知った編集者が『ユリイカ』の「はっぴいえんど特集」でメンバー4人のロング・インタビューを企画した時に、大瀧さんのインタビュアーに僕を推薦してくれたことがありました。その時は大瀧さんに断られて、大瀧さんだけがインタビュー記事なしになり、代わりに空いた頁に僕の書いた長文の「大瀧詠一論」を載せてくれることになりました。大瀧さんはたぶんそれを読んでくれていて、次の機会に同じ編集者が別の雑誌で「大瀧詠一特集」を組んだ時には快く僕のインタビューを受けてくれました。それからメールでやりとりするようになり、定期的にラジオの番組にお招きしておしゃべりをするようになり、福生の45スタジオを見学するというナイアガラー冥利に尽きる経験もしました。『楽しい夜更かし』の何が「電撃的」だったのか、それから40年以上折りに触れて考えてきましたけれど、やはりいま書いたことに尽くされると思います。「あ、こういうの、ありなんだ」です。

ここまでやっていいんだ。手間暇かけて、「ふつうの人」は絶対しそうもないことをするというリスクをとって、それでもここまでやった人がいる。これほど後から続く人たちにとって「励み」になる行為はありません。

僕が大瀧さんから受け取った（つもりになった）メッセージはそれだったと思います。「やりたいことやっていいんだよ。『そんなことをする人間はどこにもいない』と周りにがたがた言われてもぜんぜん気にすることはないのさ」そうやって大瀧さんに肩を叩いてもらった。『楽しい夜更かし』を聴いたのは25歳の時です。大学は出たけれど、大学院の入試に落ちて、職にも就かず、バイトで食いつなぎながら、2年間にわたってだらだらしていた時期です。何がしたいのかはまだよくわからなかった。わかっていたのは、「会社勤めはできない」ということだけでした。これは無理。僕みたいなわがままな人間に務まるはずがない。本を読んで、原稿用紙に文字を書く仕事で食えたらいいな……という漠然とした希望はありましたけれど、そのために何をしたらよいのかはわからない。大学院に行こうと思ったのも大学院に行けばあと2、3年は決断を先延ばしにできるという「モラトリアム」のためでした（その院試にも2回落ちました）。ほんとうにお先真っ暗な時でした。ですから、誰からでもいい、誰かに背中を押して欲しい、誰かにぽんと肩を叩いて、「心配するなよ。なんとかなるよ。好きなように生きればいいじゃないか」と言って欲しい。そう切実に願っていました。

そういう精神状態の時に『楽しい夜更かし』を聴いたら心にしみた。歌詞にエンカレッジされたわけじゃないです。そんな歌詞じゃないですから。ただ「麻雀て、楽しいな」というだけの歌なんですから。そうじゃなくて、大瀧さんがレコード会社のビジネスサイドの人たちの不安や不信のまなざしをはね返して、スタジオで真剣にこの曲を仕上げた時の「戦う姿勢」にエンカレッジされたのです。「何やってんだ大瀧君は。ミュージシャンをあれだけ集めて、スタジオ何日も借り切って、それで麻雀の歌を作っているのか？　何考えてるんだ、あいつは」という無言の圧力に耐えて朗らかに笑う大瀧さんの勇気に感動したのです。

というところまで9月20日に書いて、そのまま一か月以上が経ってしまいました。この後に何を続けて書く気だったのか、もう思い出せませんけれど、一応話は区切りのよいところまで行っているようなので、とりあえず古谷さんのこのメールにはこれで返事ができたということにして、次のメールにご返事することにします。返事をしないでいたら、次のメールが届いてしまったのです。ぼんやりしていてほんとうにすみません。

（2022年11月3日）

5通目の返信　その2

知性は、問いに触れることで活性化するのです。

古谷さま

こんにちは。

メールありがとうございます。ご賢察の通り、ほんとうに忙しいんです。前に「7冊並行して書いている」と申し上げましたけれど、2冊片づいたので、いまはこの『勇気論』の他に4冊書いているはずです。

どれか一冊に集中して一気に仕上げて、「はい、次」という方がもちろん効率がいいはずなんですけれども、あちこちから督促が来るので、そうもゆかず、ちょっとずつアリバイ的にいろいろな原稿を書くということになります。多重債務を背負った人があちこちの金融業者（ウシジマくんみたいな）の間を走り回りながら、ちょっとずつ利息を返してその日をしのいでいるような気分です。

でも、仕方ないです。引き受けたのは自分ですからね。引き受けた時は「なんか面白そうだな……」と思ってしまうんです。なんか書くことが湧いてきそうな気がする。はじめて提案される企画を見ると、これを奇貨として、これまで一度も書いたことがない新しいアイディアが浮かぶんじゃないかなと思ってしまうんです。前に書いたようなことについて「ああいうのをもう一本」と言われてもまったく食指は動かないんですけれど、これまで一度も考えたことのないトピックを提示されるとつい腰を浮かしてしまう。因果な性分です。

問いを立てるとは、知性にキックを入れること

僕のところに寄稿依頼や講演依頼が来るのは、僕が何か有益な「情報」を提供できるからではないと思うんです。情報なら、あるいはある問題についての答えなら、どのトピックに

ついても僕より百倍も詳しい人がいくらでもいるから、その人たちに訊けばいい。

僕に訊きに来る人たちはどちらかというと「どういうふうに問いを立てたらいいんでしょう?」というタイプの質問を向けてきます。私たちの目の前にはいったい「どういう問題」があるのか、それがよくわからない。問いの立て方を知りたい。答えを知りたいんじゃなくて。

ですから、そういう問いに対しては「これが問題で、これが答えだ」という書き方はしません。その人たちが訊きたいのはそれじゃないから。

問いを立てるのは「答えを得る」ためではない。そうではなくて、問いを立てるのは、問題の所在を示すこと、問題を前景化することと、「ここに難問あり」とアンダーラインを引くことだと僕は思っています。適切な仕方で問題を立てることは、問題に正解することと同じくらいに(場合によってはそれ以上に)価値のあることだからです。

というのは問いに対して答えが与えられると、一応そこで「話が終わる」じゃないですか。「ああ、なるほど」と膝を打って、得心する。気持ちが片づくのはけっこうなんですけれども、それはいわば「もう考えなくてもいいです」ということですよね。「はい、作業終了。お疲れさまでした」ということですよね。いや、定期的に休息をとることは生きてゆく上で必要ですから、定期的に正解を服用して、脳を休めることはむろん有意義なんです。でも、それはあくまで「休息」であって、「活動」ではない。「適切に問いを立てる」というのは、喩えて言えば、知性に「キックを入れる」ということです。アクセルを踏み込んだら、エンジンの回転が上がって、車体が震え出す。「さあ、走るぞ」というわくわくした気分になる。たしかに、走ればいずれ目的地にたどりついて、そこで停車して、エンジンを切ります。この「停車してエンジンを切る」というのが「正解を得る」ということで、エンジンを始動させて、ハンドルを握るのが「問題を立てる」ということである。そういう喩えだとわかりやすいかと思います。

エンジンを始動させる時に「これは目的地に着いて停車するためにそうしている」のだというふうにはふつう考えませんよね。「停まるために走る」というような枠組みでは僕たちは考えない。それにそもそも「停車すること」が究極の目的なら、別に車の性能がよい必要はありません。「停まる」のが目的なら、「速く走る」必要もないし、「ブレーキが効く」必要もないし、そもそも「ヴィークル」の性能を向上させる必要もない。

でも、僕は「知性というヴィークルの性能を向上させる」ということが知性の最優先の課題ではないかと思うんです。だって、この世界では、次に何が起きるかわからないでしょう。

まったく未知の状況に投じられて、全知全能をあげてその状況を生き延びなければならない。そういう場合に必要なのは未知の状況にも対処できる機能ですよね。「どうしていいかわからない時に、どうしていいかわかる」ことですよね。「どうしていいかわかる時には正しい行動をとるが、どうしていいかわからない場合にはフリーズする」という個体では危機的状況を生き延びられません。

人類は誕生してからずっと「どうやったら知性の活動は最も活性化するか」ということを生存戦略上の最優先課題にしてきたのだと僕は思います。「どうしていいかわからない時にもどうしていいかわかる」「答えを知らない問いについてもだいたいの当たりをつけられる」ということが最優先に開発すべき能力だったはずです。

哲学者は、みんな変

僕は「哲学」というのは、「どうすれば人間の頭はよくなるか」という遂行的課題のために人為的に創り出された「装置」のようなものじゃないかという気がするんです。その問いそのものに正解することが緊急なのではなくて、その問いに答えようとして「じたばたする」ことによって知性のパフォーマンスが向上する。そういう高機能の知性を備えていれば、「もしもの時」に生き延びるチャンスが高まる。哲学というのはそういうすごく「実利的」な仕掛けだったんじゃないかという気がするんです。

哲学は古代ギリシャに発祥するのですが、この古代ギリシャの哲学者たちって言っていることがみんな「変」なんですよ。タレスは「万物の根源は水である」と言い、ヘラクレイトスは「万物の根源は火である」と言い、ゼノンは「アキレスは亀に追いつけない」と言う。世界史で習いましたよね。でも、その時「変」だと思いませんでしたか。何言ってんだこのおじさんたちは、と。常識的に考えて、そんなわけないだろう、と。

そうなんですよ。変なんですよ。

でも、この哲学者たちはみんな「簡単には反論できない命題」を提示した。タレスだって「万物の根源は水である」と本気で思っていたわけじゃないと思うんです。そう言い切ってみてから、いろいろな反論をこの命題を使うと次々と論駁(ろんばく)できることに気がついた。本気で言ってるわけじゃないけれど、切れ味のいい命題です。「さあ、誰かオレと勝負するやつはいないか」と挑発したわけです。それはプラトンやソクラテスもそうです。

どうしてそんなことをしたのか。それはそういうふうに「反論することが難しい命題」を思いついて、突きつけると、みんな必死に論駁しようとして、結果的に頭がよくなることが経験的にわかっていたから。僕はそう思うんです。

古代ギリシャにパルメニデスという哲学者がいました。この人も相当な曲者です。この人の「変」な命題は「有るものは有る／無いものは無い」です。それのどこが「変」と思われるでしょうけれども、パルメニデスは「中途半端はなし」と言ったのです。ということは、生成変化それ自体を否定したのです。

例えば、何かが「成長する」という現象がありますね。でも、成長する前にあったものと成長した後にあるものの同一性はどうやって証明できるのか。卵は雛ではないし、雛は卵ではない。つぼみは花ではないし、花はつぼみではない。これらはどう見ても「違うもの」です。でも、あるものが別のものに変化したにもかかわらずそこには同一性が維持されていると主張しようとするなら、どこかに「Aでありかつ非Aである」という移行期の中途半端な状態（半分卵で半分雛という、『エイリアン4』の化物みたいな）がなければなりません。ところが、何かが「Aでありかつ非Aである」というのは矛盾律に反します。つまり、われわれが「生成」とか「変化」と呼んでいるものは、別のものを同一のものであると思い込むことによって生じた幻影に過ぎない。パルメニデスはそう言うのです。

　でも、常識的に考えて、パルメニデスの言ってることは「変」ですよね。パルメニデスの存在論は僕たちの経験的実感とは明らかに反している。現に、僕たちの生きている世界は生成し、消滅し、変化する「中途半端なもの」によって満たされているわけですから。

　だから、パルメニデスの狙いはそれだと思うんです。誰だって「花とつぼみが同じものだ」ということは知っている。でも、その身体実感を論理的に証明することはかなり難しい。非常に難しい。身体実感としては確実なのだけれども、論理的な言葉には置き換えることが困難なことというものがこの世には存在します。「この世には存在します」どころじゃない。そういうものによって僕たちの生活経験は満たされています。

　でも、その「身体実感としてはたしかなのだけれど、うまく言葉にできないこと」をなんとか言葉にしようと四苦八苦していると、人間の頭はよくなる。そのことに古代ギリシャの哲学者たちは気がついた。

　理屈をいじくりまわしているうちに、人間の脳の容量は拡大する。そして、容量が拡大した脳を持っている個体は、そうでない個体よりも、生き延びる確率が高い。そのことを太古のある時点で、人類は発見したのだと思います。

「神」も「空」も「仁」も「道」も、どれも「それが何であるかを人間は言うことができないもの」です。でも、人間は「それが何であるかを言えないこと」についても深く、徹底的に思量することができる。そして、そうすると脳の機能が爆発的に向上するということが経験的に実感された。「哲学する習慣を持つ集団」の方が「哲学する習慣を持たない集団」よりも危機的状況を生き延びる確率が高いということを長い時間をかけて見聞した。たぶんそういうことではないかと思います。

人類がさまざまな難問を仕掛けてきたのは、問いに答えるためではなく、それによって知性のパフォーマンスを高めて、集団として生き延びる可能性を高めるためだった。僕は哲学の人類学的意義というのはそのあたりにあるんじゃないかと思っています。そんなことを言う人はたぶん哲学の専門家には一人もいないと思いますけれど、僕はそう思います。

長々と寄り道をしましたけれども、「問いに正解する能力」よりも「知性が活性化する問いを立てる能力」の方が知性にとってはより本質的ではないのかという話をしているところでした。

先日オンラインでしたけれども韓国のオーディエンスを前にして「言葉と身体」というテ

ーマで講演をしました。「言葉と身体はなんだか同じような働きをしているような気がするのですが、よくわかりません」という取り付く島のない演題を放り込まれての講演でした。

こういうのはけっこうわくわくしてしまいます。100分以上お話ししましたが、後から聴衆の一人から「これで半年生きてゆけます」というられしい感想を頂きました。難問を一刀両断的に解決してくれたので「腑に落ちました。ありがとう」というのではなくて、「何の話だったのか、よくわからなかったけれども、なんだか頭がぐるぐる回り出しました。ありがとう」という方が僕はうれしいです。

グレゴリー・ベイトソンの『精神と自然』の中に不思議な味わいの小噺（こばなし）があります。これまで何度も本の中で引用したので、古谷さんも読んだ記憶があると思います。こんな話です。

「コンピュータは人間と同じように思考できるかどうか」をある科学者が自分の巨大コンピュータに質問しました。機械はしばらく演算した後に答えを打ち出しました。駆け寄ってプリントアウトした紙を見ると（1970年代の話なので、まだ出力は紙に印字されていたのです）こう書いてありました。

THAT REMINDS ME OF A STORY

「そう言えば、こんな話を思い出した」というのがコンピュータの回答でした。

(Gregory Bateson, Mind and Nature, Bantam Book, 1979, p.14)

これは人間知性の本質について実に深い洞察を含んだ小噺だと思います。「機械は人間と同じように思考できるか？」という問いによって機械の知性は「活性化」したのです。そして、問いかけられることで、「話を一つ思い出した」。知性の本質とは問いに答えることではなく、ある問いに触れることによって活性化し、あらぬ彼方へ逸脱することである。たぶんベイトソンはそう言いたかったのだと思います。

韓国の僕の聴衆も、何か答えを求めて講演を聴きに来たのだけれど、聴いているうちに「そういえば……」といろいろな話を思い出した。そのネタが「半年分」くらい出てきたということでしたら、僕としては話した甲斐があったということです。

古谷さんが書かれているように、古谷さんにとっては、どうも「勇気」というのがキーワードだったらしいということです。それが「きっかけ」だった。科学者がコンピュータに打ち込んだ問いと同じように、その文字列を見た瞬間に、古谷さんは「いくつかの物語を思い出した」。そういうプロセスだったんじゃないかと思います。
というところで今日の話は終わりです。ではまた。

（2022年11月3日）

通目

6通目の手紙

「勇気がなくなった時代」に何が起こっているのでしょうか?

内田先生

2通同時に送ってもらえるとは。ありがとうございます。ユーミンの話をしたら、大瀧詠一さんのエピソードで返してもらって。青春時代の音楽の影響力ってほんとうにすごいものがありますね。音楽性とか趣味とか関係ない細部が何か心身の重要なところに触れたような感覚。あれって何なのでしょう。年をとってから、経験しなくなっただけに、不思議です。

そこから始まって知性と哲学の話が来るとは! この一通だけを何度でも読みたいと思っていますす。でもここで深入りしていると先に進めないと思い、思いつくままに返信をしたためることにしました。

前々回書いたエピソードの続きです。大学に無事入学したのはいいものの、まったく知り合いがいない。親戚の叔母さんの知り合いが用意してくれた大田区のアパートは、窓を開けたら30センチ前が隣の家の壁、汲み取り式の共同トイレから臭いが漏れてくる。そこに田舎からチッキ（旧国鉄の荷物運送）で送ってもらった布団一式とみかんが入っていた段ボール、その上にカセットデッキが置いてあるだけの部屋でした。

圧倒的な開放感を味わう一方で、この後どうなっていくんだろうと、ぼんやりと考えていました。

ところがです。大学が始まると、次々と新しい人と出会います。オリエンテーションでボーカルをやっていた女性に一目惚れしたのも3日目くらいの時。ほぼ一週間で、その後の自分にとって大事な人間関係ができあがったと言えるほどのビッグバンが起こりました。

携帯電話やスマホどころか、アパートに電話もなかった時代のことです。どうやって連絡を取り合っていたのか、友だちや彼女になったのか、いまとなっては想像できません。

まさに「先がまったく見えない時」に、身体全体で何かを求めていたのでしょうか。

しばらくしてからの話です。友人の誘いで当時日の出の勢いだったアルファレコードという会社にバイトで入りました。そうです、ユーミンをデビューさせた伝説の会社です。当時ＹＭＯがブレイク直前で、タモリもレコードを出していましたし、Ａ＆Ｍレーベルも抱えていて、そこではポリスも売り出していて、猫の手も借りたい状態のところでした。

朝、出勤すると、バイトと受付嬢しかいなく、細野晴臣さんが来社されても誰も社員がいません。バイトで対応するしかありません。たぶん社員のみなさんは朝方まで仕事していたのだろうと思います。仕事は次から次へと降ってきて、そこにいたら必然的に対処せざるを得ない、バイトにとって、刺激的な職場でした。

川添象郎さんはご存知ですよね。彼が最近出した本『象の記憶』（ＤＵ　ＢＯＯＫＳ）の中で、アルファレコード時代のエピソードが書かれていました。出色だったのは、ある時社長の村井邦彦さんが社是を作ろうと思い立ったという話です。

その社是というのが、

1　犬も歩けば棒に当たる

2　毒を食らわば皿まで

3　駄目でもともと

これには川添さんも大賛成して、会議室に貼り出したそうです。最高の話だと思いませんか？　これほど率直に会社の方針を示したものはないと思います。これこそクリエイティブ！　と心の中で叫んでいました。

会社での立場上、コンセプトだとか市場だとかＫＰＩの設定とかかかわらざるをえなく、この往復書簡でもたまに愚痴っぽく触れていますが、このぶっ飛んだ社是の破壊力こそが創造の原点だなと思うのです。経営的な観点からは問題ありかなとも思いますが。

前々回の話以降、すべて'70年代の話です。まだ高度成長期の渦中にあったとはいえ、日本中が何かに向かって走っていたような気がします。これは勇気というより勢いだけだったのかもしれません。でもいまの「勇気がなくなった時代」と比べると隔世の感があります。

時代のせいだと言い切っていいものなのか、それとも違う何かが起こっているのか。そのあたり、内田先生はどうお考えでしょうか。

（２０２２年11月９日）

6通目

6通目の返信

日本人は「意地悪」になりました。

古谷さま

こんにちは。内田樹です。

メール頂いてから一月経ってしまいました。遅くなってすみません。

と毎回詫びから始まるのもどうかと思いますけど。単行本になってからこれを読んだ人は「毎回毎回詫びから入るのはもうわかったよ。そこはしょっていいから」という感想を持たれると思いますけれど、それはそれとして、返信の遅れについてはそのつどきちんと謝らないといけないんです。世の中はそういうものですから。

衣鉢を継ぐ仕事

返信が遅れに遅れたのは、例によって、ものすごく忙しかったからです。あちこちに講演に行ったり（韓国にまで行ったんです）、オンラインでしゃべったり、原稿書いたり、ゲラを読んで帯文書いたり、書評書いたり……というルーティン外のお仕事が押し寄せてきて、のんびり机に向かう余裕もありませんでした。

どうして古希を過ぎた人間にこれほど仕事が舞い込むのか、それは前にも書きましたけれど、これまでいろいろな人たちが手分けしてやっていた仕事の引き受け手がだんだんいなくなって、手薄になってきたからではないかと思います。そういうことは実際に年をとってみないとわからないものです。

僕の場合だと、橋本治、加藤典洋（のりひろ）、大瀧詠一という「1948年生まれのお兄ちゃんたち」が二十代からずっとアイドルであり、かつ「先達」でもありました。この人たちの背中を見て、この人たちの後をついてゆけば大丈夫という安心感があった。でも、三人とも相次いで亡くなってしまいました。それはただ「大好きな人がいなくなって寂しい」というのにとどまらず、これまでこの人たちがカバーしてきた「戦線」は誰が担当するのか、という実際的な問題にも結びついてきました。

例えば、小説家としての橋本さんの抜けた「穴」は、それはそのままでもいいと思うんです。その欠落がしみじみと身にしみるというかたちで橋本治さんの偉大さは痛感されるわけですから。でも、橋本さんが大量のエッセイを通じて若い人たちに向けて書いていた「説明の仕事」は誰かが代替しないといけないのではないか。資本主義とは何か、文学とは何か、宗教とは何か、家族とは何か、教育とは何か……そういう根源的な問いを中高生にもわかるように嚙み砕いて説き聞かせるという仕事を橋本さんはほんとうに身を粉にして、骨身を惜しまず引き受けていました。

この分野なら、橋本さんほどの才能がなくても、僕でも多少は（ほんとうにちょっとだけですけれど）肩代わりができるかも知れない。そういうふうに考えて、資本主義論や教育論を僕は書いてきたんじゃないかと思います。

それは加藤さんも同じで、振り返って見ると、ここ2、3年政治について書いたものはどれも泉下（せんか）の加藤さんを想定読者にして書いてきたように思います。

大瀧さんの場合は音楽の世界の方ですから僕には「衣鉢（いはつ）を継ぐ」的な仕事は何もできませ

ん。ただ、「こういう人がいたんだよ」ということを若い人に伝えて、彼らを勇気づけたいと思うだけです。

小田嶋隆さんは僕より6歳年少ですが、僕にとってはやはり若い時からの「アイドル」でした。彼が亡くなったのは2022年の6月です。まだ半年しか経っていないので、その欠落がどれほどのものかが実感されません。時々小田嶋さんがいるべき場所にいない時に、「ああ、彼はもういないんだ」と思って遠い目をするだけです。

小田嶋さんの場合はきっと「彼の不在を埋めなくては」というミッションを感じている書き手が彼よりも若い世代から出てくると思います。それでも、平川克美君や僕も彼の担当していた「戦線」の一部を「あとは任せます」と遺贈されたように感じています。友人というのはそういうものですから。

まあ、そういうわけで、これまでその背中を見て後についていったり、一緒に共同戦線を張っていた先達や戦友たちがだんだんと鬼籍に入ってしまい、その人たちがカバーしていた戦線を誰かが（どれほど非力であろうとも）支えなければならない。そういうふうに考えているせいで、つい仕事が増えてしまうのです。別に誰に頼まれているわけでもないから、ほんとうに「よけいなお世話」なんですけれども、それでも。

勢いがあった時代

では、本題に戻ります。

アルファレコードの話、面白いですね。1970〜90年代の日本の組織はどこも「勢い」がありました。「勢い」というのはただ金が儲かるということではないんです。とにかく仕事がどんどん増えてくる。それもやったことのない仕事が。

僕は'75年に大学を卒業してから2年近く定職に就かずふらふらしていました。一応、「大学院浪人」を自称していたので、フランス語とフランス文学史の勉強だけは一日3、4時間くらいしていたのですが、あとは自由時間です。でも、家賃も払わないといけないし、ご飯も食べないといけないし、お酒を飲んだり、麻雀したり、スキーに行ったりもしなくちゃいけないので（いけないということはないんですけど）、生活費を稼がねばならない。

その頃の生業（なりわい）はほとんど友だちから回ってきたものでした。「内田、暇なんだろ？」という前口上付きで仕事が降ってくる。頼まれた仕事は家庭教師でもなんでもやりました。主な収入源は英語とフランス語の翻訳でした。それだけで暮らせたわけですから、ずいぶん熱心にやっていたんですね。それに翻訳だと「受験勉強も兼ねている」という（自分に対する）言い訳も立ちますから、頼まれたら片っ端から引き受けました。

のちにその頃よく仕事をしていた翻訳会社で内勤のバイトをした時に「外注翻訳者リスト」があって、その中に僕の項目もありました。なんて書いてあるのかなと思ってそっと盗み読みしたら「技術系は弱いが、仕事は速い。料金は最低ランク」という評点がついておりました。「速くて安い」ファストフードのような翻訳者だったのでした。

'77年の暮れに平川克美君から「翻訳会社始めるけれど、内田もやらない？」というお誘いがありました。平川君は僕がバイトをしている翻訳会社に僕が引き込んだのですが、仕事のノウハウをすぐに覚えて正社員になりました。忙しく働いていたのですけれども、会社がかなりブラックな雇用環境で、翻訳者や通訳からの「中抜き」がかなりだったので、もっと労働分配率の高い、働く人にやさしい環境を作ろうとして、独立することになったのでした。その時に平川君から「内田、暇なんだろ？」と誘われて、一も二もなく起業仲間に加わりました。

それは、いまから思えば、日本企業が総合商社を先頭に、全世界に打って出ていった時期でした。彼らはありとあらゆるものを世界中の国々に売りまくっていました。ダム、火力発電所、鉄道……そういう事業の入札を総合商社が窓口になって引き受けていたのです。ものが大きいですから、契約書から機械の仕様書まで、翻訳文書はそれこそキロ単位で発生しますし、けっこう入札期限がタイトでしたから、翻訳の精粗なんて構っていられません。とにかくだいたいどういう感じの仕事なのかが日本語で読めればそれでいいということで「人海戦術」で翻訳する。

僕たちの会社は「仕事が速い、値段が安い」に加えて「話が速い」という特徴がありました。なにしろ社員が4人だけで、その全員が役員なわけですから、取引先で何か交渉事があって、その場で判断を求められた時に「じゃ、こうしましょう」と決定することができた。「ちょっと持ち帰って上に相談して」ということがない。僕の場合は翻訳者も兼ねていましたので、短いテクストの場合は、発注されたその場で訳してそのまま請求書をつけて納品というような離れ業もしました。「仕事が速い」はずです。

それに僕たちに発注する方の企業の人たちだってろくに寝てないんですよね。次から次と仕事が降ってくるわけですから、もう彼らの処理能力を超えている。だから、よくわからない新規で面倒な仕事は、ろくに見もしないで下請けに丸投げしてしまう。高度経済成長期というのは、そういうものだったんです。

僕たちの会社は翻訳会社だったはずなのですが、いつの間にか印刷、製本から編集、出版にまで業態が広がってしまいました。まあ、何頼まれても「いっすよ」で引き受けちゃうんですから、発注する方は楽です。

僕が個人的にやって一番面白かった仕事は日本テレビの『木曜スペシャル』の台本でした。これは映像素材（だいたいがＵＦＯもの）をアメリカのテレビ会社から買って、それを放送するんですけれど、その英語のスクリプトを日本語に翻訳するのです。僕は何を隠そうＳＦとＵＦＯについてはたいへんに詳しい人間でしたので、僕の翻訳台本はその後構成作家が手を入れなくてもそのまま放送台本に使えるとなかなかに好評でした。

もう一つ忘れがたい仕事は、ある電機メーカーから来た「パーソナルコンピュータ」のパンフレットの翻訳でした。それまでコンピュータと言えばＩＢＭの中枢統御型の機械でしたけれど、スティーブ・ジョブズとスティーブ・ウォズニアックという二人の若者が「個人用のコンピュータ」というまったく新しいアイディアを提示してきました。彼らの新製品Apple IIの日本発売のためのパンフレットを僕たちの会社が受注して、僕が訳したのです。二人の出世譚（しゅっせたん）を読みながら「世の中はすごい勢いで変わりつつあるなあ」と胸を時めかせたのを覚えています。でも、Apple IIのパンフレットの翻訳をうちみたいな零細企業に丸投げしてくるということは、発売元の日本の電機メーカーも「海のものとも山のものともつかない商品だから、たまたま売れたら儲けもの」くらいに思っていたんでしょう。

そういう時代だったんです。社会に「勢いがある」時は、入ってくる仕事量が処理能力を超えてオーバーフローするので、「猫の手も借りたい」ということになって、どこの馬の骨ともわからない若者でも、もののはずみで先端的な活動にコミットしてしまうことがあるのです（バイトの古谷さんが細野さんの対応をしなければならなかったというのは、これと同じ話ですよね。「猫の手」「馬の骨」とはあまりに失礼な書き方ですが）。

むしろそういう「なんだかわからない先端的な活動」にかかわる仕事の方がむしろ外注されやすかったように思います。正社員たちは確実に金が儲かるビジネスを優先しますし、ルーティンワークで消耗しているから、「なんだかよくわからない、海外から来た仕事」については「面倒だから、下請けに丸投げしちゃえ」ということになった。たぶん、そうだと思います。

そういえば、僕がエマニュエル・レヴィナスの翻訳をすることになったのも、そんな流れでした。時代的にはもうちょっと後、'80年代の初めですけれども、ある出版社が「フランスではレヴィナスという哲学者が注目されているようですので翻訳出したいんです」と僕の指導教官だった足立和浩先生のところに電話をかけてきました。足立先生はフランス現代思想の分野では「知らないことはない」「なんでも来い」という誠にタフな研究者でしたけれど、さすがにレヴィナスには難色を示して、たまたまその時かたわらにいた僕に「おい内田、お前、レヴィナスのこと論文に書いてたよな。ちょっと電話替われ」と受話器を渡したのです。その電話で僕は出版社の若い編集者相手にレヴィナスがいかに偉大な哲学者であるかを切々と語り、「じゃあ、内田さんがお薦めする『困難な自由』を訳すことにしましょう」という話がその場でまとまったのでした。

そんなことになったのも足立先生のところに仕事がじゃんじゃん来過ぎて、先生の処理能力を超えてしまったからです。だから、たまたま先生の横にいた「猫の手」であるところの駆け出しの研究者に、ふつうなら来るはずのない仕事が「トリクルダウン」してきた。「トリクルダウン」という言葉は、こういう時に使いたいですね。

意地悪な社会になった

勢いがあるというのは、僕の実感としては「そういうこと」です。仕事が増え過ぎたせいで、小うるさい条件とかなしで、若者にさまざまな面白い仕事が回ってきた。そういう時代が1960年代の初めから始まって、'90年代の半ばくらいまで続きました。

この時代の雰囲気を「勇気」に絡めて論じるのはちょっと難しいかも知れませんが、それでも若者たちに「恐怖」や「怯え」を強制するという空気はあまりなかったように思います。

僕がある大手商社に営業に行った時に、話を聴いてくれた人が、「わかった。じゃあ、君の会社ができそうな仕事をしている部署にいま電話かけるから、君、この場で営業してごらん」といきなり電話をかけて「はい」と受話器を渡されたことがありました。

足立先生の時もそうでしたけれど、「じゃあ、あとは自力で切り拓いてごらん」というチャンスを上の人が若い人に与えるということが実際によくありました。それはある意味では「限られた時間内に、自分にできることをどれくらい適切に説明できるか」という試験を課して、査定しようとしてもいるわけですけれども、決して「意地悪」な感じはしなかった。

別に僕を査定しても先方にはいいことなんか何もないわけです。うまくいったら仕事をゲットできる。うまくゆかなかったら、それは自己責任、というドライでクールな「試験」でしたけれども、間違いなくその「おじさん」たちは僕らにチャンスを与えてくれた。

でも、いま同じような状況に立たされたら、若い人たちはかなり怯えるんじゃないかと思います。たぶんほとんどの場合、そういう状況設定をする人は「チャンスを与える」ことよりも「屈辱感を味わわせる」ことを優先するから。

どうしてなんでしょうね。若い人にどれくらい社会的能力があるのかを「査定」するということはいつの時代だってやってきたはずですけれども、「査定」の目的がいつの間にか「チャンスを与える」ことではなく、「屈辱感を与えること」になってきている。

たまに政治家の記者会見を見ている時にそのことを強く感じます。若い記者たちが的外れな質問をした時に老練な政治家であればそれを「適切な問い」のかたちになるように教えてあげたっていいと思うんです。「あなたが訊きたいのはこういうことでしょう?」と言い換えてあげたっていいじゃないですか。それで記者が成長するなら、日本の政治文化もそれだけ豊かで厚みのあるものになるわけですから。

でも、いまはまるで違いますよね。記者に対して「お前がどれほど無能であるかを思い知らせてやる」と攻撃的になる政治家ばかりです。わずかな誤りの揚げ足をとったり、逆に記者が知るはずもないトリビアな質問をして、記者が絶句すると、「こんなことも知らない人間に、このトピックを語る資格はない」というふうに追い込んでゆく。そういう「意地悪」が作法として定着した。そういうふうにして記者に屈辱感を与えて、黙らせることのできる政治家が「強い政治家」だと評価されている。

この作法が蔓延しているのは政治の世界だけじゃないと思います。あらゆる組織で、企業でも学校でもメディアでも、たぶん同じことが行われている。どうして「こんなこと」になってしまったのでしょう。若い人たちに勇気がないと責める前に、若い人たちに「非力なんだから屈辱感を味わって当然だ」という「意地悪」な態度を向けるこの社会の力のある人たちのマナーが問題なんだと僕は思います。

どうして日本人はこんなに「意地悪」になってしまったのか。それについては、また稿を改めて書いてみたいと思います。変な話になってごめんなさい。

ではまた。よいお年をお迎えください。

（2022年12月10日）

7
通目

7通目の手紙

社会を意地悪でなくする方法とは何でしょうか？

内田先生

あっという間に年の瀬ですね。勇気について考えていたのに、なんとも勇気が足りなかった年だったなと反省しています。

返信ありがとうございました。

内田先生が平川さんと始められた会社の話をお聞きし、現在の内田先生につながる「何か」がそこで涵養（かんよう）されていたんだなと思いながら読みました。

まだ世間的には何者でもない時代に何をやっていたかというのは、とても大事なことなんですね。将来何に役に立つかどうかという動機ではなく、巻き込まれてやっていくなかで自分の社会的立ち位置がなんとなく見えてくるということが、キャリア形成などと大上段に構えて考えるよりも、結果として役に立つような気がしています。

内田先生が、橋本治さん、加藤典洋さん、大瀧詠一さん、小田嶋隆さんの衣鉢を継ぐということも、いつの間にかそういう立ち位置に立たれていたということで、結果として運命なんだと、誠に失礼ながら、考えてしまいました。メッシの前にいつもボールがあるような。

手紙の最後に書かれていた「意地悪な社会になった」という表現に、どきっとしました。たしかにそうかもしれません。

ＩＴが普及して、いろんなことが「見える化」したことによって、わかった気になることが多くなっているのもその原因かもしれません。

ほとんどの会社で、またビジネスで、エビデンスを要求される。企画段階でさせ、事業計画が必須となる。でも、それはすべていま知っていることの範囲でしかできません。「イノベーティブとは」などと口走ってしまい、上司から「夢見るのはいいけど、現実には……」と言われ、面倒くさくなったり、ひるんだりする人も多いのでは。もちろんその人も意地悪を言っているつもりではないのでしょうが、結果としてつまらない社会が生まれているのかもしれません。

でもどのタイミングで意地悪だって思うんでしょうか？　執拗にいじめにあったとかではなく、一瞬の対応が意地悪だなって感じ、それが蓄積しているんじゃないかなとも思いました。

コロナ禍が一度落ち着いた頃、久しぶりに海外に行きました。コンドミニアムで、エレベーターに乗っていると、一緒に乗り込む人たちがにっこり微笑み、グッドモーニングと言ってくる。おたがいノーマスクです。とても心地よかった。リゾートで解放的になっていたという要素ももちろんあったのでしょうが。たかが挨拶なのに、です。

私が育ったところでは、商店街だったこともあり、一歩家を出たら、すれ違うほとんどの人が、挨拶してくるし、それ以上に話しかけてくる。そういう環境が嫌で東京に出てきたのですが、驚いたのは、混雑した電車の中で、肩がぶつかろうが、何も言葉を発しないことでした。ひどく孤独感を味わったのを思い出します。いまは世界中どこの土地でもみんなスマホばかり見ていて、そういう感じがふつうになっていますね。

内田先生が難波江先生と出された『現代思想のパフォーマンス』（光文社新書）の中で、小津安二郎の映画『お早よう』を題材にコミュニケーションの本質を書かれていたことを思い出しました。

「おはよう」もGood morningもBonjourもその意味するところは同じである。それらのことばは「あなたは早く目覚めた」とか「今日はよい日である」とかいう事実認知をおこなっているのではない。それは人間から人間への直接的な語りかけであり、祝福の遂行である。「おはよう」と語りかけた者は「今日一日があなたにとってよき日でありますように」という祈りを贈っているのである。

（…）

コミュニケーションの本義は、有用な情報を交換することにあるのではなく、メッセージの交換を成立させることによって「ここにはコミュニケーションをなしうる二人の人間が向き合って共存している」という事実を確認し合うことにあるからだ。そして、わたしの前にいる人に対して、「わたしはあなたの言葉を聞き取った」と知らせるもっとも確実な方法は相手のことばをもう一度繰り返してみせることなのである。

（難波江和英、内田樹、『現代思想のパフォーマンス』、光文社新書、2004年、262頁）

編集長をしていた頃、何かふだん心がけていることはありますかという質問を受けたことがあります。その時、編集部員全員に毎日一度は声をかけるようにしています、と答えていました。声をかけるだけで、ほとんど意味のない言葉がけです。その反応からその人のなんとなくの様子を知ることができるというのは結果であって（そんな観察はほとんど当てになりません）、そこに人がいるなら、笑顔や挨拶のキャッチボールというのが大事だと思っていたからです。というか、自分自身、そうしないと不安だったことが一番なのかも知れません。部員が気軽に話してくれる雰囲気を作ることができれば、自然と会話が生まれます。その中からアイディアが生まれることもあって、そういうものからヒット作が生まれることもありました。

挨拶っていろいろありますよね。握手もあればハグもある。会釈だけでも首を傾けるだけでも挨拶だと思います。

そこでその人がどういう人か値踏みもしている。動物的な勘を働かせている。この人は信用おける人かどうか、と。

意地悪な社会にいつからなったのかなと考えているうちに、話がずいぶん逸れてしまいました。

とりあえず挨拶しようよというのも社会を意地悪でなくする一つの方法かと思った次第です。

ということで、よいお年をお迎えください。

（２０２２年12月27日）

7通目の返信

正直であるためには、知性的・感情的な成熟が必要です。

古谷さま

こんにちは。内田樹です。

年末にメールを頂いてから、一月以上経ってしまいました。返信遅くなってすみません。でも、仕事はずいぶん片づきました。去年一年でずいぶんたくさん本を出しましたから。単行本と共著、対談本が7冊。年が明けてから単著が2冊、対談本が1冊出ました。一年間に10冊出すのって、異常ですよね。これじゃあ「月刊ウチダ」と冷笑されても仕方がないです。

でも、そうやって青息吐息で本を仕上げた甲斐があって、「文債」はずいぶん目減りしました。いま抱えている仕事は、この勇気論の他に、三砂ちづる先生との往復書簡の「子育て論」、『権藤成卿（せいきょう）の君民共治論』解説、釈徹宗（てっしゅう）先生との宗教をめぐる対談、中田考先生との地政学とイスラームについての対談、アルベール・カミュについての（いつ終わるとも知れない）連載くらいです。今年中にこの六つの仕事のうち五つは終わって本になるはずなので、今年の秋からは、カミュ論を隔月で10枚書くだけで、後は悠々自適という身分になります（といいなあ）。

マックス・ウェーバーの手法

古谷さんとのこの往復書簡も新書ならだいたい10万字ですが、いま5万字まで来ましたので、行程の半分、折り返し点を通過という感じですね。それに、ここまで書いてきた通り、別に勇気について一意的な定義を下したり、「どうやって勇気を持って生きるか」についての正解を提示したりする気は僕にはありませんから、気楽と言えば気楽な仕事です。この後も「勇気」というトピックをめぐって、そのつど「そう言えばこんな話を思い出した」という話を非体系的に書き綴ってゆきたいと思っています。

なんだかずいぶん粗雑な書き方だと思われる方がいるかも知れませんけれども、僕はこの作法を学んだのは実はマックス・ウェーバーからなんです。

ウェーバーはほんとうに思量するに値するだけ困難な論件については、いくつかの「例示」をランダムに列挙するところから始めるのが適切であり、その「例示」が一通り終わったあたりで、その論件についての見通しはずいぶんよくなるはずだということを語っております。それも他ならぬ『プロテスタンティズムの倫理と資本主義の精神』において。ウェーバーはこの論考の初めにこう書いています。


「この論文の標題には『資本主義の精神』という意味深げな概念が使用されている。この概念はいったいどういう意味に理解すべきなのであろうか。これについて『定義』というべきものを与えようと試みる場合、われわれはただちに、研究目標の本質に根ざす或る種の困難に直面することになる。」（マックス・ウェーバー、『プロテスタンティズムの倫理と資本主義の精神』、梶山力他訳、『世界の名著50』、中央公論社、1975年、111頁）

というのは、「資本主義の精神」というアイディアがこの本を書き出す時にウェーバーの脳裏に浮かんだのはたしかなのですけれど、その概念はまだ一意的な定義を獲得していなかったからです。「もしかして、この世には『資本主義の精神』というものがあるのかも知れない……」というアイディアをふと思いついた。なんかそういうものがありそうな気がする。その話で論文が一つ書けそうな気がする。論文一つどころか、世界の思想史に残るような画期的な論考が書けるような気がしてきた。でも、「資本主義の精神」とは何か、それがプロテスタンティズムの倫理とどういう関係があるのかについて、ここで「一言で言ってください」と言われても困る。それはこれから考える。だから、ウェーバーは「資本主義の精神」はこれからの考察を通じて、「歴史的現実のうちからとらえられる個々の構成諸要素をもって漸次に組み立てて行かねばならない。その確定的な概念的把握はそれゆえ研究に先立って存在しうるものなどではなく、むしろ研究の結末において得られるべきものなのである。」（同書、112頁）だから、これから書くことは「資本主義の精神」と呼んでいるものについての「最少限度の例示に止まらねばならない。」（同書、112頁、強調はウェーバー）と書いております。

　このウェーバーの文章の「資本主義の精神」を「勇気」に置き換えると、僕がここでやろうとしていることが（少しだけ）わかって頂けると思います。

前置きは以上で、今日はどうして日本は「意地悪な社会」に向かっているのか、という論件を扱ってみたいと思います。

「正直」が「正義」と間違えられて

先日、ある自治体の人権教育研究集会に呼ばれて、人権教育についての講演をしました。このところ、人権教育関連の集まりによく呼ばれます。たぶん、僕の語る人権教育のあり方についての主張がわりと「珍しいもの」だからだと思います。でも、現場の教員たちには「なるほど、そういう考え方もあるな」というふうに好意的に受け止められている。そういうことだと思います。

その時に頂いた講演タイトルは「いま子どもたちに伝えるべきこと」で、副題として（これは僕との打ち合わせの時に僕の言った言葉を引用して）「勇気、正義、親切」とありました。講演会場に入った時にそう幟（のぼり）に大書してあって、「あれ……なんか違うような気がするなあ」と思いました。よく見たら、打ち合わせの時に僕が話したのは「勇気、正直、親切」がたいせつですよねという話でした。「正義」じゃなくて「正直」だった。

そのタイトルを見ながら、これはちょっと徴候的な間違いだなと思いました。

フロイトによると、「言い間違い」というのは、その人の抑圧された無意識の本音が迂回的に表現されたものだそうです。ある言葉を口に出すまいと思った直後に「言い間違い」は起こるとフロイトは『精神分析入門』に書いています。

「押さえつけられた意向は、語り手の意志に反して言葉となって口を衝いて出ます。語り手の承認した方の意向の表現を変え、あるいはその表現と入りまじって、あるいはこれと入れ代わって言葉に出てくるのです。」（ジークムント・フロイト、『精神分析入門（正）』、懸田克躬他訳、人文書院、1971年、51頁）

フロイトは「われわれのボスの健康を祈ってげっぷをしましょう」という言い間違いの例を挙げています。この人は「げっぷをする（aufstossen）」と「乾杯する（anstossen）」を入れ替えてしまったのです。議会の議長が開会宣言の時に「閉会を宣言します」と言い間違えた例、新聞の社説が「私利をはかることなく」と書くべきところに「われわれはつねに私利を求めて書いてきました」と書き間違えた例など、枚挙にいとまがありません。僕もいくつか印象的な事例に立ち会いましたけれど、書き出すときりがないので止めておきますね。

「正直」と「正義」を書き間違えたこの事例は、なかなか印象的な錯誤行為のように思えました。フロイトを信じるなら、このタイトルを書き間違えた人は（あるいは僕から伝えられた副題を間違えて伝えた人は）「正直」という言葉を「ちょっと違う」と思ったのです。それは人権教育の場で口にされるべき言葉ではないような気がした。少なくとも、これまで人権教育の場では「正直であること」の価値が声高に語られたことはなかったという事実を反映しているのかも知れません。なんとなく、わかる気がしませんか。

「人権教育」というのはふつう人間の差別意識や人に屈辱感を与えたいという攻撃性をどうやって「抑制するか」ということを実践的な課題にしています（そうだと思います）。誰もが心の奥底には「卑しい差別意識」を抱え込んでいる。だから、それをできるだけ**正直に表に出すことを**控えるというのは実践的には十分に合理的な考え方です。僕たちは他人の心の中にまでは踏み込めない。だから、外的に規制する。「そういうことを言うと処罰される」というきつめの社会的なルールを作り、それを周知徹底すること。それが人権教育の実践の一つであり、成果でもあった。そうではないかと思います。

たしかに、そういう文脈からは「正直がたいせつだ」という考え方はまず出てきません。それよりは「正義」の方がたいせつです。社会的弱者を差別し、排除することは「正義に悖(もと)る」。おそらくはそう考え、実際にそういう言葉を口にしてきた人権教育の実践者は多くいたと思います。彼らからすると、どうして「いま子どもたちに伝えるべきこと」として優先的に「正直」が出てくるのか、その理路がよくわからない。「いま子どもに伝えるべきこと」に「正直」という徳目があるはずがない。そのせいで「正義」と見間違えた。そういうことではないかと思います。

人の心中を勝手に忖度(そんたく)して申し訳ないのですけれども、僕はその時、そういうふうに感じました。この書き間違いはもしかすると、正直という徳目がいまの学校教育においては軽んじられているという現実を反映しているからではないのか。そう感じました。

一度口にした言葉は本人を呪縛する

僕はよく学校教育のたいせつな目的の一つは「自分のヴォイス」を見つけることだということを言っています。そのことは前にも書きました。ですから、教育についての講演ではよくその話をします。聴衆はだいたいびっくりした顔で話を聴いています。そういうことを言う人は、国語教育の人たちにもあまりいないからだと思います。

僕が「自分のヴォイス」と呼ぶのは、それに載せると自分がほんとうに思っていること、感じていることを、かなり近似的に表現できる声のことです。自分の思考の流れとか、呼吸とか、身体を動かす時のリズムとかと「合う」声のことです。子どもたちには、そういう声を見つけて欲しいといつも願っています。

「自分のヴォイス」で語るというのは、僕の経験で言うと、言い淀み、口ごもり、言い換え、同じことをぐるぐる回り、時々黙り込んでしまうようなことが「できる」ということです。自分の中でいま発生していて、まだ輪郭の定かならぬ思念や感情を、いわば星雲状態のまま、その生成過程にあるままを差し出す声です。ですから「理路整然」とか「口跡明瞭（こうせきめいりょう）」というわけにはゆきません。自分のヴォイスで語る時、人はだいたい小さな声になります。それまで自分を含めて、誰も口にしたことのない言葉を探りながら、それを口に載せるわけですから、一つのセンテンスができあがるまでにかなりの時間がかかることがある。時間をかけても、センテンスがうまく終わらないこともある。「私は……」と切り出したけれど、後が続かないということがある。でも、それは自分のヴォイスで語ろうとしているから起きる現象なのです。僕はそういう語り口を自分に許すことのできる人を「自分のヴォイスを見つけた人」だと思っています。

ですから、これは「大きな声で、はっきりと」という要請にはまったく嚙み合いません。自分が生まれてからこれまで一度も口にしたことがない思念や感情を、いまここで語ろうとする時に「大きな声で、はっきりと」言えるはずがない。「大きな声で、はっきりと」言えるのはストックフレーズだけです。定型句だけです。誰かの請け売りだけです。誰かが言っているのを耳にして、記憶していたものを「再生」するだけなら、大きな声で、はっきりと言うことができる。そういうものなんです。

ですから、学校教育の場では、先生は子どもたちに「大きな声で、はっきりと自分の思っていることを言いなさい」という要求をしてはいけない。そんな条件を課したら、子どもたちが口にするのは「誰かの請け売り」になってしまうからです。親から聞いたか、教師から聞いたか、物知りの友人から聞いたか、YouTubeで自信ありげなコメンテーターから聞いたか、出典はわかりませんけれど、「誰かが断定的に言ったこと」なら、大きな声で、はっきりと再生することができる。

そして、ほんとうに怖いのは、そうやって自分で言ってしまったことを、言った本人は「自分の意見」だと思い込んでしまうということです。これほど大きな声で、はっきりと言い切れるのだから、それが自分の中に根拠を持つ言葉でないはずがない。そう思い込んでしまう。

よく言いますね、「他人の話はなかなか信じない人も、自分の話は信じる」って。ほんとにそうなんです。どんな定型句でも、一度口にしてしまうと、その言葉は言った本人を呪縛する。人によっては、一生呪縛する。

僕はだから学校教育で、特に国語教育では、子どもたちに「大きな声ではっきりと、自分の思いや気持ちを言葉にしなさい」という要請をしてはならないと思います。請け売りの言葉を理路整然と口跡明瞭に口にして、うっかりそれを先生にほめられたりしたら、それはその子の成功体験になってしまう。それから後、ずっと「請け売りの言葉を繰り返す人」になってしまうかも知れない。
「自分のヴォイス」で語ることは、言い淀み、黙り込み、前言を撤回し、同じ話をちょっとずつ言い方を変えながら繰り返す……ということです。そして、それはたいていの場合、小さな声で、おずおずと語り出される。だから、学校の先生は子どもが「小さな声で、おずおずと語り出した」時を見逃してはいけないと思います。それはその子が「自分のヴォイス」を見つけかけた徴候だからです。忍耐づよく、じっと言葉が生成するのをみつめなければいけない。急がせてはならない。結論を求めてはならない。話の腰を折って、言葉の「定義」を求めたりするのは絶対してはいけない禁忌です。

僕は21年間、ウィリアム・メレル・ヴォーリズという建築家の設計した神戸女学院大学の校舎で授業をしてきました。もう何度もあちこちに書いたことですけれども、ヴォーリズの設計した教室はとても声がよく響きます。階段教室でもマイクなしで、一番後ろまで声が届いた。だから、学生たちは「小さな声で意見を言う」ことができた。ちゃんと僕の耳に届いたからです。これから何か言おうとして、呼吸を調える気配まで感じられた。そういう気配を感じたら、みんなその学生をみつめる。そうすると、つっかえながら、ゆっくりと話し始める。途中で言葉が途切れても、その沈黙は「放送事故」じゃなくて、次の言葉が生成されるまでの「生産的な沈黙」だということが周りにはわかる。そして、また息継ぎをして、次のセンテンスが始まる……。

僕はそういうふうにして学生が「これまで一度も言ったことのない話」を語り始めて、自分のヴォイスを発見するという場面に教師をしている間に何度か立ち会いました。それはとても感動的な経験でした。そして、そういう奇跡的なことが起きたのは、いつもヴォーリズが設計した校舎の中の教室においてでした。ささやくような声まで聴き取れる、そういう音声環境が学校教育では必須のものだということを僕はその時に骨身にしみて学びました。

ヴォーリズは建築家であると同時に宣教師でした。だから、いくつもの教会を設計しています。教会というのは、オルガンを弾いて、賛美歌を歌って、牧師さんの説教を聴くという、きわだって音声的な活動が営まれる場所です。小さな声でも身にしみこむような音声環境が教会設計の要件であるということをヴォーリズは熟知していたはずです。そのコンセプトをそのまま学校建築にも適用した。

「正直」とは、じたばたを継続する力

僕が「正直」ということを学校教育におけるとてもたいせつな徳目だと主張するのは、「正直」こそが子どもたちをして「自分のヴォイス」の探求へ向かわせる力だと思うからです。僕たちが他人の口にした定型句、できあいのストックフレーズを繰り返そうとすると、そこに微妙な違和感を覚えます。自分の中に起源を持たない言葉なんですから、違和感があって当然です。だから、そのまま口にすることにかすかな抵抗を感じる。そのまま「再生」してしまうと、「言い足りない」か「言い過ぎる」か、どちらにしても、自分のほんとうに言いたいこととは「ずれて」しまう。その「ずれ」が気になって、なんとか自分のほんとうに言いたいことに近づけようとして、じたばたする。その「じたばた」を支えるのは「正直でありたい」という願いなんです。人が言い淀んだり、言い換えたり、同じことを繰り返し言い直したり、前言撤回したりするのは、「もっと正直でありたい」からなんです。

それは科学者が科学的仮説を立てる時のモチベーションと変わりません。時々、データを

改竄したり、反証事例を無視したりして、論文を書き上げて、研究業績に加算しようとする「学者」がいます。みつかると学界から放逐されますけれど、彼らに欠けているのは、「正直さ」なんだと僕は思います。だって、嘘と知って書いたものに自分の署名をするわけですから、ほんとうは「すごく気持ちが悪いこと」のはずなんです。それが「気持ちが悪くない」としたら、この人たちが自己形成過程のある時点で「自分のほんとうに言いたいことを言う」ということを放棄したからだと思います。それより、「人をだましても、嘘をついても、名声や金やポストを手に入れることを私は心の底から望んでいる」という言明の方を「自分の正直な気持ち」として採用した。名声や金やポストというような「できあいの作りもの」に欲望を感じるのが「ほんとうの自分らしさ」だと、どこかで思ってしまった。

「自分の欲望に正直になれ」と時々脅しつけるようなことを言う人がいますが、こういう定型句にうかつに頷いてはいけません。僕たちが「自分の正直な欲望」だと思っているものの多くは既製品です。世間が「剝き出しの欲望」と呼ぶもののリストを学習して、それをただ出力しているだけということが（実によく）あります。そして、そんな定型句でも、一度出力してしまうと（「所詮、世間は色と慾よ」というような下品なものであれ）、自分の口から出た言葉である以上、それに呪縛されてしまう。

正直というのは知性的・感情的に人が成熟するためには絶対に必要なものです。僕は武道家としてだけではなく、学者としても長く仕事をしてきました。いまもコンスタントに研究論文を書いて発表しています。さすがにもう僕の年齢になると、同世代では研究論文を定期的に書き続け、発表しているという人はほとんどいません。研究を続けるモチベーションを維持するのはなかなか難しいということなんでしょうね。

僕が研究を続け、論文を書き続けているのは、もともと学会的名声や大学教員ポストを獲得するために研究してきたわけではないからです。どうしても調べたいことがあるので研究し、どうしても自分の文体とロジックで書きたいことがあるから論文を書いてきた。この衝動には「終わり」ということがありません。

エマニュエル・レヴィナスについて語りたい、アルベール・カミュについて語りたい、権藤成卿や福澤諭吉について語りたい。別にそれがどう評価されるかなんて、どうでもいいんです。書いたものがほめられようが、けなされようが、売れようが、売れまいが、正直言って。そう、正直言って、どうでもいいんです。僕にとってたいせつなのは「正直言うこと」だから。

正直に思っていることを言いたいと思うから、ちょっとずつ言い換えながら、同じことを何度も何度も繰り返すことになります。「内田さ、もうその話はいいよ。聞き飽きたよ」と言われても、「はいそうですか」というわけにはゆかない。こちらはなにしろ「自分のヴォイス」を獲得して、その操作に習熟して、これまでうまく語ることができなかったことを語るようになれるということが最優先なんですから、相手の事情なんか知るかよ、です。

だから、僕の場合、学者としての活動を駆動してきたのは、飽くなき「正直さ」の追求なんです。こうやって書きながらも（これだって「勇気論」ですから、一種の学術論文なんですよ）、「ああ、これでうまく言い切れた」とはぜんぜん思えないんです。ああ、まだ言い過ぎている、まだ言い足りない。なんだか自分で作った定型文に自分ではまりこんでいるような気もするし……。どうやったらこれまで一度も口にしたことのない言葉で、ほんとうに言いたいことを言えるようになれるんだろう……とじたばたしている。

この「じたばた」を継続させる力のことを僕は「正直」と呼んでいるわけです。それが人の知性的・感情的な成熟を可能にする。

成長が止まった人

「嘘をつかない方がいいよ」というのは、人類が長い経験から、嘘をつく人は成熟しないということを学び知ったからだと思います。嘘をつく人間は話がわかりやすくなる。当たり前ですね。人を騙そうというんですから、わかりにくい話じゃ始まらない。言い淀んだり、口ごもったり、黙り込んだりする詐欺師なんていません。立て板に水を流すようにしゃべるのが嘘つきの骨法です。定型句のストックを山ほど抱え込んでいて、それを流れるように出力するというのが「嘘つき」です。嘘つきは「自分はほんとうは何が言いたいのか」という問いを自分に向けることがありません（あるわけないですよね）。でも、その問いを自分に向けるのを止めたら、人間はもう成長できません。

「嘘つき」以外にも、世の中には「もう成長が止まった人」がいます。ある時期までの成功体験に居着いて、その時までに習い覚えた定型句をその後もただ繰り返しているだけの人がそうです。この人たちは、もう新しい語彙を獲得することにも、これまでと違う音域や違うリズムで語ることにも興味を失ってしまった。古谷さんの周りにもきっと（たくさん）いると思います。こういう人が全体の2割以下くらいでしたら、それほど大きな問題にはなりませんが、過半数に近づくとかなり困った事態になります。

なぜ、成熟が求められるのか。それは未熟な人は集団を危険にさらすからです。ご本人が未熟なせいで危機的状況をうまく生き延びることができないのは「自己責任」で済ませることもできますが、たった一人のメンバーが未熟なせいで集団ごと滅びるということだってあり得ます。

いまの日本社会でも、いろいろな事故があります。どの場合でも、現場の専門家は事故が起きる前に「ちょっと、まずいんじゃないかな」ということはうすうす感じていたはずなんです。決まったマニュアル通りにやってないとか、データの数値をいじっているとか、リスクを過小評価しているとか……そういう事例を目の当たりにして、「こんなことをしていると、そのうちたいへんなことになる」とたぶん思っていた。まあ、「そのうち」ですから、明日かも知れないし、10年後かも知れない。明日だと困るけれど、10年後なら、もう自分はここにはいない。「洪水よ、わが亡き後に来たれ」です。だったら、いまここで「こんなことしてたら、たいへんなことになりますよ」ということを正直に言うより、黙っていて、満額の退職金をもらって、下請け企業に役員で迎えられて、そこも退職した後になら事故が起きてもオレ的には別に構わない。その方が個人的にはありがたいと感じる方が、より正直に生きていることになる、と。たぶん、そういうふうに自分に言い聞かせたんだと思います。そうなんです。「オレは正直者だ」という言明を人は嘘をつく時でさえ自分に言い聞かせているんです。「オレは嘘をつくことによって、自分がほんとうにしたいことをして、ほんとうに言いたいことを言っているのだ。オレは正直者なんだ」って。「人は正直でなければならない」という人類学的教訓はそれくらいに深く僕たちの中に内面化している。

　正直であるというのも、そう考えるとかなり複雑な心理機制だということがわかります。決して簡単な話じゃないんです。「自分がほんとうに思っていること、感じていることを、自分の言葉で語る」というのは、実はかなり困難な事業です。注意深く話を聴いてくれる人が傍らにいなければいけないし、むろん本人も輪郭の定かならぬ思念や感情を表現できるだけの語彙や表現力を持っていなければならない。

　正直であるためには、知性的・感情的な成熟が必要です。そして、知性的・感情的に成熟すればするほど、正直であることはそれほど困難ではなくなる。微妙なニュアンスがわかるようになるし、それを表現する言語表現にも熟達するからです。そうやって正直な人は、さらに知性的・感情的に成熟する。正直というのは、そういう「いいことずくめ」のプロセスなんだと僕は思います。

でも、こういう考え方をする人は、たぶんいまの日本ではすごく少なくなっている。むしろ、逆に「言いたいことを抑圧しても、思ってもいないことを口にしても、それで権力や財貨や地位が手に入るなら、わが身の安全が保証されるなら、自分の思いを口にしないことこそが自分に対して正直であることだ」という未熟で、歪んだ正直観を持つ人たち（というより端的に「不正直な人たち」）がいまの日本ではマジョリティを形成しているように見えます。

それが日本のこの10年の衰退の大きな原因の一つだと僕は思います。でも、それに同意してくれる人はほとんどいません。だから、僕が「正直はたいせつだよ」ということを言っても、「この人、何とんちんかんなこと言ってるの？　だって、オレたちみんな自分の欲望に正直に生きてるよ」と鼻先で笑って、おしまいになる。

これをどうしたらいいんでしょうね。

またまた今日も長くなりました。「どうして日本社会は意地悪になったのか」という話をするつもりでしたけれど、その前に「正直」の話に時間をかけ過ぎました。続きはまた次の便で書きます。では。

（2023年2月5日）

7通目の返信　その2

正直であるためには、自分から離れることが必要になります。

古谷さま

おはようございます。内田樹です。

昨日は「正直」について書きました。でも、「勇気」と「正直」と「親切」の関連にまでたどりつけませんでした。この三つの徳目はたぶん深い関係にあると僕は思います。同じ一つの人間的資質の三種類の現れ方ではないか。なんとなく、そう直感するんです。こういう直感を僕は大事にしてます。いまはまだ、アイディアが頭の中でまとまっていないけれど、書いているうちに、たぶん輪郭がだんだんはっきりしてくるはずです。そういう確信がある。

これは長く正直に生きてきたおかげです。

アイディアの尻尾をつかまえる

「アイディアの尻尾」が視野の周縁部をすっと通り抜けるということがあります。それは「たったいま角を曲がっていった人のコートの裾が見えた」というような感じです。いますぐ走り出せば、その人が次の角を曲がるより前に背中が見える。うまくすれば追いついて、「コートの裾をつかまえる」ことができる。

よく映画の場面でありますよね。通りの反対側で何かいわくありげな人物がこちらを見ているのに気づく。そちらに顔を向けると、向こうはあわてて足早に歩き出す。それを追って、通りを無理に横断する。映画ではたいていタクシーにクラクションを鳴らされたり、「バカヤロー、気をつけろ」と罵倒(ばとう)されたり、ひどい時ははねられたりしますが、主人公はなんとか通りの向こう側にたどりついて、必死で後を追う……。

そういう場面を僕はいろいろな映画で500回くらい見た記憶があります。これはある種の「映画的クリシェ」なんだと思います。そして、このクリシェがこれだけ執拗に繰り返されるのは、フィルムメイカーたちが、そこになんらかの「人間的原事実」とでも呼ぶべきものを感じるからではないかと思います。

「なんだかわからないもの」が自分をみつめている。それに気づいて「通り」を横断して後を追おうとすると、さまざまな「妨害者」に遭遇し、場合によっては傷を負うけれども、なんとか渡り終え、最後に思いがけないところで、「なんだかわからないもの」と不意に顔を突き合わせる。これは「アイディアの尻尾をつかまえる」という経験の図像的表現なのではないかと思います。


新しいアイディアを言葉にするという経験を、「角を曲がって姿を消しかけた人のコートの裾を追う」という比喩で語る人が僕の他にどれくらいいるか知りませんけれども、これは僕にはとても納得のゆく比喩なんです。

「勇気と正直と親切は同じ一つの人間的資質の三つの異なる現れ方だ」というのは、ある時、僕の視野の周縁部を横切った「コートの裾」的アイディアです。それをこれから追いかけて、つかまえようと思います。

うまく言えないことを言葉にすること

勇気と正直の関連はここまで書いたことで、大筋はおわかりいただけたと思います。勇気のかんどころは「孤立に耐える」ということだと書きました。マジョリティが「こうだ」と言っても、自分は違うと思ったら、自分の直感に従う。正直というのもそれと同じことです。できあいの定型句（というのは「みんなが使う言葉」のことです）に自分を預けずに、自分の思念や感情を、できるだけそのあいまいさも込みで表現すること。複雑な思いを複雑なまま言葉にすること。「うまく言えない」のだとしたら、その「うまく言えなさ」を言葉にすること。

「うまく言えなさ」なんか言葉にできるのかと怪訝な顔をする人がいるかも知れませんが、これができるんです。みなさんだって、時々やっていると思うんです。「なんて言ったらいいのかな」とか、あれですよ、インタビューされた時の最初の「そうですね」もその一例です。

「そうですね」は英語で言えばlet me seeでしょうか。「ちょっと考えさせてください」です。堅苦しく言えば、「私自身をして熟慮せしめよ」です。自分の思いをまだうまく言葉にできずにいる「私」がここにおります。この「私」をしてしばし思量する時間をお与えください。let me see はまさに「うまく言えなさ」をそういう明晰判明な言葉で言い表している。こういうことが人間にはできるんです。

養老孟司先生の書くものはしばしば論理が複雑で、なかなか一筋縄ではゆかないのですけれども、時々ふっと「こんなふうに書いたんじゃ、わかりゃしないが」という一言がさしはさんであります。読みながら僕が「なんだかよくわかんないなあ」と思っていたら、書いている当人から「わからないでしょ」と言ってくれる。すると、ほっとする。ああ、そうなんだ。書いている養老先生ご本人も自分が書いていることが「わかりにくい話、伝わりにくい話」だということはわかっているんだ。その点においては読んでいる自分と書いている養老先生は「同じ足場」の上に立っている。そう思うと、一息つける。

語られているメッセージのレベルとは違うところに「語られているメッセージの解釈を指示するメッセージ」があります。これを言語学では「メタ・メッセージ」と呼びます。

例えば、英語話者だと、会話の最中に両手の指で「ちょき」を作って、二度曲げるという動作をすることがありますね。あれは引用符（double quotation marks）を模していて、「この部分は引用です」を意味しています。

これなんかは非言語的なメタ・メッセージですけれども、「話半分に聴いてくださいね」と言ってみたり、センテンスを言い終えた後に「よう知らんけど」と付け加えたりするのも、そこで述べられたことの解釈の仕方を指示するメッセージですから、メタ・メッセージと言ってよいと思います。

日常会話で経験がおありだと思いますけれど、このメタ・メッセージを適切なタイミングで入れることができる人の話はたいへんにわかりやすい。というのは、「メタ・メッセージにおいて人は決して嘘をつかない」からです。僕たちはそれと気づかずにこの人類学的真理を踏まえて人の話を聴いているんです。ほんとに。

「僕の言うこと、話半分に聴いてくださいね」と言われた時に「ええと、このメタ・メッセージの言明も話半分だとすると、この人の語る平場のメッセージは『話半分』の『話半分』だから、真実含有量は25％であろうか……」なんて考え込む人はいません。「話半分に聴いてください」と言われたら、「ああ、そうですか」と素直に頷けばいい。「僕は嘘つきですから」と言われた時に、「『僕は嘘つきです』というこの言明もまた嘘なのだろうか……」と頭を抱える人はいません。「ああ、そうなんだ、これからこの人の話を聞く時は気をつけよう」

と素直に思えばいい。「メッセージの読解の仕方を指示するメタ・メッセージにおいて人は決して嘘をつかない」というルールにすべての人は無意識のうちに従っているからです。

ですから、嘘つきの特徴もわかりますね。嘘つきというのは自分の話の中にメタ・メッセージをはさみこまないで語る人のことです。自分がいま語りつつあることについて、その読解の仕方を指示するメッセージを決して発信しない。それが嘘つきの特徴です。というのは、メタ・メッセージにおいては絶対に嘘をついてはいけないという人類学的なしばりがあって、これにはいかなる嘘つきも逆らうことができないからです。このルールに違反したら、もう誰を相手であれ、相手を騙すというような場合でさえ、コミュニケーションという営みが不可能になってしまう。だから、嘘つきの話は滑らかだけれど、平板なんです。だって、嘘をついている場合のメタ・メッセージは「というのは全部嘘で」しかないんですから。

あ、それで好個の適例を思い出しました。村上龍の小説『69 Sixty nine』の冒頭部分です。引用しますね。

「1969年の、春だった。

その日、三年になって最初の一斉テストが終わった。僕の、テストの出来は最悪だった。

一年、二年、三年と、僕の成績は圧倒的に下降しつつあった。理由はいろいろある。両親の離婚、弟の不意の自殺、僕自身がニーチェに傾倒したこと、祖母が不治の病にかかっていたこと、というのは全部嘘で、単純に勉強が嫌いになっただけだ。」（村上龍、『69 sixty nine』、集英社文庫、1990年、9頁）

この「というのは全部嘘で」という一言で、村上龍は読者を開巻早々に一気に「さらって」いってしまうんです。すごいですね、この力業。読者は「この人のこれから後の話は100%信用できる」と思ってしまう。だって、これから先にどこかで嘘をつくつもりなら、「というのは全部嘘で」とは絶対に言わないから。

この例からおわかり頂けたと思いますけれど、「正直」というのは「適切なタイミングでメタ・メッセージを発信すること」という言語運用上の技術であると言い換えることもできます。

そう書くと、正直であるということが実はかなり知的な作業であることがおわかりになると思います。なにしろ、自分自身の平場の語りとは別のレベルに時々足場をずらして、自分のそれまでの語りをどう解釈したらよいのかについて、中立的な立場から、適宜指示を発するということをしないといけないわけですから。

「正直である」というのを、ただ心に思ったことを剝き出しに表現することだと思っている人がいるかも知れませんけれど、それは違うんです。ぜんぜん違います。正直であるためには、自分から離れることが必要になる。自分にべったりしていることが正直であるわけじゃないんです。逆なんです。自分からいったん離れて、いわば、上空から自分自身を見下ろすようにして、自分が語っていることについて「注釈」を入れることができる人が「正直な人」なんです。

でも、その消息を未熟な人に伝えるのはなかなか難しいんです。相手が大人ならわかるはずなんです。「ああ、そういえばそうだよね」って。

前便にこう書きました。「正直であるためには、知性的・感情的な成熟が必要です」それがどういうことなのか、前便とは別の例を挙げて説明してみました。話がよけいぐちゃぐちゃしてしまったと思われるかも知れませんけれど、ご容赦ください。そういうものなんです。僕だって一生懸命正直に書いているんですから、こうなっちゃうんです。

さあ、話が長くなりましたので、正直については今日はこの辺にしておきます。正直と親切の関係については次の書簡で書きます。

（2023年2月6日）

7通目の返信　その3

親切とは、「惻隠の心」。考えちゃダメなんです。

古谷さま

こんにちは。

今日は正直と親切の関連についてお話しすることにします。

と書いていますけれど、実はどんな話をするのか、まったく計画はないんです。書いているうちになんとかなるだろうと思っています。というのは、正直と親切というのは深いところでつながっていることが僕には確信できるからです。これまで言葉にしたことはないけれども、確信がある。どうして確信できるのか、それを考えながら言葉にしてゆきたいと思います。例の如く、話はあちらへゆき、こちらへ飛び、話頭（わとう）は転々として奇を究めということになると思いますけれども、どうぞお付き合いください。

大声で定型句をがなり立てる人

正直な人は総じて親切である。経験的にはなんとなくそんな気がしませんか。

自分の気持ちを語る時に、つっかえたり、言い淀んだり、黙り込んだり、前言撤回するタイプの人で、かつ「意地悪」という人って、僕はあまり見たことがない。

「意地悪」する人はたいてい「大声で、はっきりと、定型句を口にするやつ」ですからね。だいたい意地悪な人というのは、できあいのスローガンをがなり立てたり、耳障りな定型句を言い立てて、相手を小突き回すと相場が決まっています。自分の内側深くに垂鉛を下ろして、かすかな思念の動きや感情のざわめきを感知しようとする人が、同時に意地悪であるということは考えにくい。物静かな声で、自分の思いを伝えることのできる適切な言葉を手探りしながら、相手を脅かしたり、弱みを突いたり、屈辱感を与えたりするというのはかなり難しいと思いますよ。僕はそんな芸当をできる人には会ったことがありません。意地悪な人というのは、たいてい「かさにかかって」くるものです。こちらに言葉をさしはさむ機会を与えないようにまくしたてる。「大きな声で、威圧的にまくしたてながら、自分の思念や感情にふさわしい表現を手探りする」というような器用なことはふつうの人にはまずできません。

とはいえ、真の命題の逆は必ずしも真ならず。「意地悪なやつは大きな声で、はっきりと定型句をがなり立てる」という命題は経験的には真実ですが、その逆の「親切な人は、自分の思いを言葉にするために手間暇をかける」ということは果たして真でありましょうか。

まずはそこから考えてみたいと思います。でも、これはあまり先行研究がなさそうな分野なんですよね。哲学の主題になるのは、「超越」とか「存在」とか「幸福」とか「不安」とか「死」とか「危機」とか、だいたいそういうものです。親切であるとか正直であるとかいうことを深く、学的に考究した哲学者というのが果たして過去にいたでしょうか。

富永仲基の「誠の道」

西欧の哲学者としては誰も思いつきませんでしたが、それに近い人を一人思い出しました。日本人の学者で、富永仲基(なかもと)という人です。

この人のことは釈徹宗先生のご本(『天才 富永仲基　独創の町人学者』、新潮新書、2020年)で教えてもらいました。仲基は「ふつうに暮らす」ことの重要性を論じた例外的な哲学者です。富永仲基は江戸時代の大阪の町人学者です。それまでの学者たちは、誰もが儒教、仏教、神道のいずれかの立場に立って、他を批判したものでしたが、仲基は違いました。三つの宗教を徹底的に研究した末に、「どれも、ふつうの生活には適しない」として退け、「誠の道」というものを説いたのです。「誠の道」というのは、平たく言えば「ふつうの生き方」ということです。ふつうに、まっとうな大人として生きることが最もたいせつであって、そういう「ふつうの生き方」は儒仏神の三教の説くところと究極においてそれほど違うわけではない、と。「ふつうでいいじゃないか」ということを学術的に厳密に検証したというところがなかなか過激なんです。

『翁の文』というのが主著の一つですが、これもかたちの上では富永仲基の著作ではなく、「ある翁」が書き残したものを仲基が筆写したという体裁をとっております。どんなことが書いてあるか、ちょっとだけ現代語訳をご紹介しますね。

「いま世間では、神・儒・仏の道を三教といって、インド・中国・日本の、それぞれ三国に並び行われるもののように考えている。あるいは三教は一致すると主張したり、またあるいはこれをたがいに批判しあって争い合うということにもなっている。しかし、本来、道たるべき道というものは、特別のものであって、この三教の道というものも、すべて誠の道というものには、決してかなわない道だということを知る必要がある。なぜかといえば、仏教はインドの道、儒教は中国の道であり、国が異なるので、これらは日本の道ではない。神道は日本の道ではあるが、時代が異なっているので、いまの世の日本の道ではない。」（富永仲基、『翁の文』、楢林忠男訳、『日本の名著18　富永仲基・石田梅岩』、中央公論社、1984年、59頁）

「この三教の道というものは、どれもいまの日本の世の中で、実践されるべき道としてその必然性をもつ道ではない。実践されないような道は本来の道ではないから、三教はすべて、誠の道に適した道ではないということを、よく知るべきである。」（同書、62頁）

インドの風を真似るならインドの言葉で話し、インドの服を着て、インドの家に住まないといけないし、本気で儒者たらんとするなら中国古代の服を着て、中国語の発音で、中国の文字を使わねばならない。極端ですけれども、そう言われてみればそうかも知れません。

では、仲基の言う「誠の道」とはどんなものなのか。これが聴くと、がっくり膝が砕けそうになるほど平凡なものなのです。でも、そこが素晴らしいと僕は思います。

「誠の道、つまり今の日本の世で実践されるべき道とはいったいなにをいうのであろうか。それはただ物事に対しては、その当然になすべきことをつとめ、今現在やっている仕事に生活の根拠をおき、心を素直にし、品行を良くし、言葉づかいを柔らかくし、立居振舞を慎み、親のあるものは、よく親に孝養することである。（…）受けとるべきでないものは、たとえ塵（ちり）であっても受けとらず、また与えなければならない時は、天下国家であろうとも、それを惜しまず与えることである。衣食のよしあしも、わが身のほどにしたがって、奢ることなく、またけちけちすることなく、盗みをせず、偽りをせず、色ごとを好んでも理性を失わず、酒を飲んでもみだれず、人に害を与えないものは殺さず、飲み食いにはつつしみを忘れず、悪いものは食べず、たくさんものを食べないことである。」(同書、62-63頁)

「今の文字を書き、今のことばをつかい、今の食物をたべ、今の衣服を身につけ、今の調度をもちい、今の家に住み、今の習慣に従い、今の掟を守り、今の人と交際し、いろいろな悪いことをせず、いろいろとよいことを実践するのを誠の道ともいい、それはまたの世の日本で実践されるべき道だとも言えるのである。」(同書、64頁)

「仏教で五戒十善というのも、儒家が知仁勇の三徳というのも、神道で清浄・質素・正直というのも、『これらはみな、誠の道にかなった、深い洞察にもとづく言葉である』のであるから、三教を実践する人たちも『人の世にまじわって、普通にこの世をすごすならば、それはすなわち、誠の道を実践する人だ』ということができるだろう。」(同書、

65頁）

これを読んで、「なんだ、そんなことかよ」と脱力する人は「人の世にまじわって、普通にこの世をすごす」ことがどれほどの難事業であるかを知らないのではないかと思います。けっこうたいへんなんですよ、「誠の道」を実践するのって。

富永仲基の書いたものを読んで僕が受けた印象はとにかく「正直な人だな」ということでした。仲基は学殖豊かな人で、儒仏神のすべてについて深い文献的な知識を持つ、同時代に冠絶する大学者だったのですけれど、語る言葉はたいへん平易です。これはたぶん町人学者という出自がもたらすものでもあるのでしょう。想定読者が「市井（しせい）の人」なんです。自分と同じようなレベルの専門家を相手に書いているのではなくて、「ふつうの人」に向けて書いている。儒教についても仏教についても神道についても、それがどういう教理で、どういう実修をするものかだいたいのことはわかっているけれど、経典を繙読（はんどく）したり、宗論を吟味したりというところまで専門的なことはしたことがないという「わりと知的な市井の人」を想定読者に書いている。

その人たちに自分の思想を理解してもらって、そして明日からでも実践してもらいたいと仲基は本気で思っています。いわば、道行く人の袖をとらえて、「お願いだから、オレの話を聴いてくれ」と懇請している。そういう切羽詰まった感じが仲基の書き物の行間からしみでています。懇請する時、人は「情理を尽くして語る」ようになります。

「情理を尽くして」という表現が僕は好きなのですけれども、情理は人情と道理のことです。人としての感情を踏まえて、ことの筋道を通す。感情に訴えるだけでは足りない。道理を押し通すだけでも足りない。情と理といううまく噛み合わないものを、なんとか折り合わせて、かきくどく。仲基の文章からはそういう感じがしました。だから、コンテンツが理解できたかどうか、その中身の当否をどう判断するかというより先に僕は「この人は正直な人だな」という印象を受けました。この人は「本気で」書いている。別に論争に勝ちたいとか、学術的威信を高めたいとか、該博な知識を誇りたいとか、そういうつまらないことは考えていない。ただ「誠の道」をみんなに実践して欲しくて、情理を尽くして懇請している。

「正直」について主題的に論じた哲学者はいないと先に書きましたけれど、それでは言い方が足りなかったかも知れません。正直というのは主題として論じるものではなくて、実践するものだということです。「正直論」という哲学書が存在しないのは、正直というのは哲学の主題ではなく、それを論じるマナーだからです。

正直と親切のつながり

とりあえず、正直についてはこのくらいにしておきます。さて、本日の主題であるところの「正直と親切のつながり」です。この二つの徳目はどういうふうにつながっているのでしょうか。

まず「親切」とはどういう意味なのか、そこから始めましょう。ここまで意味が当然わかっているという前提でこの言葉を使ってきましたが、改めて「親切って、どういう意味。だいたいどうして『親』を『切る』というような字を当てるんだろう……」と考えると、簡単には答えが出ません。

こういう場合は、漢字のもともとの意味を調べるところから始めることにしています。僕たちが日常的に使っている言葉の「漢字のもともとの意味」を調べると、原義はいま用いられている語義とずいぶん隔たっていることがあります。その遷移をたどると、その言葉の意味の深みや厚みがわかってくる。

漢字の意味を調べる時には、僕はいつも白川静先生の『字通（じつう）』を開くことにしています。

まず「親」の古義を調べてみましょう。

「辛＋木＋見。神事に用いる木を選ぶために辛（針）をうち、切り出した木を新という。その木で新しく神位を作り、拝することを親という。（…）父母の意に用いるのは、新しい位牌が父母であることが多いからであろう。その限定的な用義である。すべて廟中に新しい位牌を拝するのは、親しい関係の者であるから、親愛の意となり、また自らする意に用いる。」

だそうです。知りませんでした。「親」というのは木で作った位牌のことなんだそうです。そこから派生して、「おや、父母、みうち、したしむ、したしい、ちかしい、みずから、したしく」などの意味を獲得していったそうです。

白川先生の『字通』を読むと、いつも「そうなんですか。ぜんぜん知りませんでした」という感想を漏らすことになります。

さて、それに「切」がついた「親切」はどうなんでしょう。『字通』によれば、原義は「ゆきとどき、よくあてはまる」です。白川先生が用例として引用しているのは『滄浪詩話』

の一節でした。

「僕の詩辯（しべん）は、乃（すなわ）ち千百年の公案を断（さだ）む。誠に驚世絶俗の談、至当帰一の論なり。（…）禅を以て詩に喩（たと）ふ。此れより親切なるは莫（な）し。」（僕の詩論は千百年の間公案とされてきたものに断を下したもので、実に世俗を驚倒する主張であるが、大方の人はこれに同意することであろう。（…）禅を以て詩を解いたので、これほど親切なことはない。）

『滄浪詩話』の著者は南宋の詩人の厳羽（げんう）という人です。この『滄浪詩話』は古今の詩を縦横に論じた本格的な詩の理論書で、日本でも幕末明治まで漢詩を書く人たちにとって必携の本だったそうです。

その詩論の中に「親切」の語が出てきます。「あとがき」のところです。自分の詩論に自（じ）註（ちゅう）して、「此れより親切なるは莫し。」と自賛しているのです。でも、これだけでは「親切」のニュアンスはよくわかりませんね。

ある単語やフレーズの意味を知ろうと思ったら、引用の前後を読む。というのは、前にも書きましたけれど、僕の哲学の師であるエマニュエル・レヴィナス先生の教えです。僕はこの教えをできるだけ守るようにしてきました。というわけで、「これほど親切なことはない」という文の後に厳羽が何を書いているのか『滄浪詩話』を読んでみることにします。「親切とはどういうことか」について厳羽はこんな説明を続けていました。

「これ自家実証実悟なるもの、これ自家閉門、この片田を鑿破（さくは）す。すなはち傍人の籬壁（りへき）に傍（そ）ひ人の涕唾（ていだ）を拾ひて得るものにあらず。」（私の詩論はみずから証明し、自ら会得したものであり、自分の家の門を閉じ、その小さな耕地を自力で開墾して得たものであり、他人の家の垣根にへばりついて、他人の吐き捨てたものを拾い集めた詩論とはものが違う。）

なんと、「親切」とはこのことなんですね。「ゆきとどいている　よくあてはまる」というのは、「自家実証実悟」のことなのでした。他人が作ったできあいのストックフレーズを借りずに、わが身を以て感得し、悟覚したことだけを語る。それを「親切」と言う。『滄浪詩話』にはそう書いてあり、白川静先生はこれを「親切」という語の最も適切な用例だと思ったのでした。

仮にどれほど狭い知見であろうと、自分自身が自己の経験を通じて、自得した知見、確信を以て言える思念や感情を語ることを「親切」と言う。なんと、これは僕が「正直」という語について与えた定義とほとんど同じではありませんか。

古義における「親切」とは「正直」とかなり近い概念であった。これはびっくりですね。もちろん、それで話を終わらせるわけにはゆきません。「勇気と正直と親切は本質的には一つのものだ」という直感の証明として、それだけでは足りません。

惻隠の心

僕たちがいま日本語で「親切」という言葉を使う時は、どういう行為や心情を指しているでしょう。「親切な人」とか「親切な行為」という文字列を見た時に、頭の中にどんな図像が浮かびますか。「お年寄りに席を譲ってあげる」とか、「エレベータ前でベビーカーを押している母親に『お先にどうぞ』と道をあける」とか、「隣の人の抱えている重い荷物を網棚に持ち上げてあげる」とか、「道に迷って当惑顔の外国人観光客にMay I help you? と話しかける」とか、たぶんそういう類のことだと思います。他にもいろいろあると思いますけれど、僕はとりあえずこの四つがまず頭に浮かびました。さて、この四つ全部に共通する「条件」ってなんだと思います？

四つの状況に共通するのは「他者が発信している、支援を求めるかすかなシグナルに反応すること」なんです。「ちょっと助けて」という声にならない声を聴き取ること、それが親切なんだと僕は思います。

僕の個人的な定義ですから、一般性は要求しませんが、とりあえずしばらくこの定義で話を進めたいと思います。「親切というのは、他者の発信する救難信号を聴き取ること」であるというのが僕の個人的定義です。

親切の最も原初的な形態が「惻隠（そくいん）の心」です。『孟子』公孫丑章句上にある言葉です。僕の世代だと中学か高校の時に漢文の授業で教わったので、誰でも知っている言葉でしたが、いまの若い人はもう知らないかも知れません。こんな話です。まずは原文と直訳から。

「孟子曰（いは）く。人皆、人に忍びざるの心あり。（…）人に忍びざるの心を以て、人に忍びざるの政を行わば、天下を治むること、これ掌上に運（めぐら）すべし。」（孟子が言うには、あらゆる人には人の苦しみを見過ごすことができない心がある。人の苦しみを見逃すことのできない心をもって、人の苦しみを緩和する政治を行えば、天下を治めることは、手のひらの上で転がすように容易である。）

「今、人にわかに孺子の将に井に入らんとするを見れば、皆怵惕、惻隠の心あり。交わりを孺子の父母に内れんとする所以にも非ず、誉を郷党・朋友に要むる所以にも非ず、その声を悪みて然るにも非ざるなり。是に由りてこれを観れば、惻隠の心無きは、人に非ざるなり。（…）惻隠の心は、仁の端なり。」（いま、子どもが井戸に落ちかけているのを見たら、誰でも恐れ気づかい、憐み哀れむ気持ちになる。子どもの父母に取り入ろうというつもりでもないし、仲間たちからほめられたいわけでもないし、非情な人間だと悪評を立てられるのを避けようとしてでもない。ということは、憐み哀れむ気持ちがないものは人ではないということである。この気持ちこそが仁の端緒である。）

『孟子』の中でもたぶん最もよく引かれる有名な章句です。人間としての徳の一番基本的なものは、井戸に落ちかけた子どもをとっさに助けることである。それだけ聞けば、「まあ、そうでしょうね」と誰でも応えそうですけれど、僕はここにはいくつもの哲学的な「仕掛け」があるように思います。
第一のそれは「孺子の将に井に入らんとす」という初期設定の「将に」です。「待ったなし」です。迷っている暇はない。考えている暇もない。とっさに手を出さなければ、子どもは溺れてしまう。「これをするのは正しいことなのか、必要なことなのか、助けるのは私でなければならないのか」などと思量している時間がない。つまり、頭を介在させずに、身体が自動的に動いてしまうことが「仁の端」だということです。頭であれこれ考えて決定することではなくて、とっさに身体が動いてしまったというところから人間の人間性は始まる。つまり、「人間的である」とはどういうことかは身体が知っているということです。身体の方が頭より賢い。これはかなり踏み込んだ心身関係の解釈ですが、経験的にはその通りだと思います。

第二の仕掛けは「孺子」です。井戸に落ちるのは「子ども」なんです。でも、「子ども」って何歳以下の人間のことなんでしょう。6歳以下？　12歳以下？　あるいは18歳以下？　どこまでが「子ども」でどこから「非子ども」なんでしょう。両者を隔てる一般的な境界線なんか存在するんでしょうか？

仮に6歳までを「子ども」とした場合、井戸に落ちかけている子どもに「年齢確認」するでしょうか？　「君、いくつ？」「先月7歳になりました」「あ、そう。悪い、それだと『子ども』じゃないんだわ。助けられないけれど、ごめんね」というような会話をするでしょうか。しませんよね。だって、初期条件が「将に」なんですから、そんな会話はできるはずがない。「将に」というのは「年齢確認している暇がない」ということです。

では、何が「子ども」の基準になるんでしょう。例えば、6歳だけれど、体重80キロとかいう子どもはどうでしょう。こちらがか細い人だったら、うっかりそんな子の手をつかんだら、引きずられて一緒に井戸に落ちてしまいかねない。だったら、体重制限もつけて、子どもに向かって、「僕の腕力だと助けられるのは、上限40キロまでなんだけど、君何キロある？」というようなことを井戸に落ちかけている子どもに訊ねるでしょうか。訊ねる暇なんかないですよね。繰り返し申し上げる通り、「将に」なんだから。

じゃあ、いったいここで孟子が言う「孺子」とは誰のことなのか。

何を以て「孺子」とみなすか。それを決めるのは、年齢でもないし、身体条件でもない。子どもか子どもでないかを決める客観的、外形的な基準はないのです。では、どうやって決めるのか。

子どもか子どもじゃないかは、助ける人が決めているのです。助ける人がそこに「助けて」という救援のシグナルを発信している人がいると思えたら、その人が「子ども」です。「子ども」だから助けるわけじゃないんです。助けようと思った相手のことを「子ども」と呼ぶのです。

どうしてそれを「子ども」と呼ぶかというと、自分がいま手元に持っているリソースで救うことができるということがわかるからです。自分が「とっさに」助けることができるか、できないか、それは誰でもわかります。直感的に、瞬時のうちに、思量することなしに、わかります。「果たして、自分の力で助けられるかどうか」悩むとしたら、しばらく考えないと、助けるか助けないか決められないような状況でしたら、それは「孺子の将に井に入らんとす」という状況ではないということです。だって、悩んでいるうちにその人は井戸に落ちて死んでしまうんですから。惻隠の心は熟慮の末に発動するものではありません。そこがかんどころなんです。目の前に困っている人がいる。支援を求めている人がいる。さあ、どうしよう。助けてあげようかな、無理かな……とあれこれ考えているのは「惻隠の心」とは言わない。考えちゃダメなんです。考えないうちに身体が動いていたから「惻隠の心」なんです。

ですから、「惻隠の心」が孟子の言うように人間の人間性の始点であるとするなら、「考えないうちに動く身体」をどうやって作るかということが実践的な課題になってきます。

そんな問いがあるなんて聞いたことがないという人が多いと思いますけれど、実は、これが武道修業の目標なんです。僕が長く修業してきて確信したことです。

考えないうちに動くこと。それが武道的な理想です。

どうして、惻隠の心と武道の理想が本質的に同じものになるのか。それを説明するためには、またかなり長い紙数を要するので、次回に書くことにします。今日はここまでにしておきます。話、どんどんややこしくなりますね。ごめんなさい。

（2023年2月10日）

通目

8通目の手紙

高い報酬を得るためには、人が嫌がる仕事をやる必要があるのでしょうか？

内田先生

のんびりしたエピソードを書いて送っているうちに、先生の筆がどんどん先に進んでいて、とてもスリリングですが、置いてきぼりをくらっている気持ちでもいます。合気道の試合って、こんな感じで展開していくのでしょうか？

惻隠の心と武道の本質について続けて書いてくださいとだけ送ろうと思ったのですが、せっかく往復書簡という形式をご提案いただいているので、思いついたことを書いてみます。

その前に、いままでのものを何度か読み返してみて、自分の未熟さに呆れ果てています。私としては、10歳くらいに正義について考えるようになって、思春期で、そんなに世の中単純じゃないと気づいて揺れ動く。そして、どこかで勇気を手に入れていくという様をイメージしていたのですが、書いているうちに、勇気を獲得するどころか、中二あたりから、何も「成熟」していない自分を知って愕然としました。それもこの往復書簡を始めたからこそ気づいたことで、感謝しています。

「勇気、正直、親切」ということについては、最初の手紙からキーワードとして書かれていて、いったいどういうことなのだろうと思っていました。勇気とは「そもそもどこから湧いてくるものでしょうか?」という素朴な疑問について、ていねいに説明していただいていくなかで、それらが結びついていくのだろうなとは想像していました。

勇気があれば、先に進めると思っていたのですが、そんな単純なものではなかったようですね。

勇気、それに正直も、自分の内面から生まれるものではありますが、他者が存在しなければ、たんに妄想です。他者との関係の中で勇気、正直がはじめて発露できるとすると、勇気はどこから生まれるのかという質問自体が袋小路に入ってしまいます。そこに新たに親切というキーワードが入ってきた。いったいどういう展開になるのか、楽しみでなりません。

親切とは「小さな声に気づくこと」と書かれていて、先日、数人でランチを食べていた時のことを思い出しました。そのお店がフードロスを考えて、食べる分だけのパンを用意するといったことだったのですが、私の友人は、フードロスという言葉が気になって、しばらく頭が真っ白になってしまったというんです。

一緒に食事をしていた私も含め、誰も気にもとめていなかったフレーズで、頭の中にいろんなことが駆け巡り、まずは目の前の皿をきれいに片づけることが精いっぱいになって、話がまったく聞けなかったというのです。彼は、何冊ものベストセラーを手がけている編集者なのですが、ヒットを作る資質がこんなところにあるんだと改めて気づきました。「小さな揺らぎ」が気になって仕方がないんでしょう。

数年前にブルシットジョブという言葉が流行りましたね。世の中、たしかに「クソどうでもいい仕事」に溢れています。一方でそれらをコントロール＝管理するコンサルタントという仕事が若い人に人気になっていますが、コンサル出身の知人と話をした時に、職業観についてすごくずれがあることがわかりました。職業というか、人生においてたいせつにしていることが違う。

彼が言うには、編集者というのは好きなことをやっているでしょう、それだとビジネスにはならないんですよ、と。一応はビジネスとして成立するかも一方では考えていると答えはしたのですが、彼はコンサルは人が嫌がる仕事をやっているから高報酬がもらえるんだと、ビジネスの肝はそこになると主張するんです。すべてのコンサルがこういう考えをしているとは思えませんが、ものすごく違和感を覚えたことを思い出しました。

「小さな気づき」から連想して、話が逸れてしまってすみません。

勇気があれば、と思っていたのですが、その前に正直であること、その奥に親切であることがあったというのは、すごい発見です。順序が逆だったんですね。勇気がどこから生まれるのか、ぜひこのまま続けてください。

(2023年2月20日)

8通目の返信

感受性を鈍くする生き方は自滅的です。

古谷さま

こんにちは。内田樹です。

長い間を空けてしまってすみません。2月の末に体調を崩して（もともと膝が悪かったのですが、それが悪化して）、3月は足の痛みで家からほとんど出られず、4月に入院して、膝に人工関節を入れる手術をして、月末に退院して、いま6月初めです。ようやくそろそろと歩けるようになったところです。まだ合気道の稽古は再開できませんが、お能の仕舞の稽古はできるようになりました。夏までにはなんとか平常運転に戻りたいと思っています。

入院中はお菓子の差し入れをしてくださって、ありがとうございました。手術が終わって一週間くらいから後はひたすらリハビリですので、することがありません。一日1時間理学療法士の方がマッサージとストレッチをしてくれて、あと1時間病棟内を歩く課題が与えられたので、とことこ歩く。残り22時間は自由時間です。昼寝して、本読んで、Kindleでマンガ読んで、音楽聴いて、原稿書いて、お菓子食べて……のんびり過ごしました。コロナ対策で面会禁止ですから誰も会いに来ないし、誰からも電話がかかってこないし、手紙も来ない。これでお酒が飲めたら、いつまでも入院していてよかったんですけれど、そうもゆきませんよね。

さて、話の続きですけれども、古谷さんから面白い素材を提供して頂いたので、まずそれについてちょっと僕の考えを書いてみたいと思います。

その方は「人が嫌がる仕事をやっているから高報酬がもらえるんだ、ビジネスの肝はそこになる」と主張したんですね。

古谷さんが感じた「微妙な違和感」というのは「アラート」だと思います。「いまの言葉は簡単にスルーしないで、ちょっと考えてみた方がいい」という警告を自分自身に向けて発していることです。その言葉や態度のうちに、何かいずれとても危険なこと、あるいは忌まわしいことになりそうなことの徴候が見える。たぶん古谷さんはそう感じたんじゃないかと思います。

僕がその場にいて、その人の話を聴いたとしても、たぶん同じことを感じたと思います。そして、たぶん黙って聴くだけ聴いて、彼の話を遮ったり、反論したりということはしなかったんじゃないかと思います。「ここまで病んでいると、とても簡単には対処できないなあ」という諦めに似た気持ちを感じて。

彼は病んでいると思います。でも、症状がかなり深いところに由来している。それがどういう病で、どこに由来する病なのかについてちょっと考えてみたいと思います。

「有名になる」という欲望

先日、政治学者の白井聡(さとし)さんと対談をしました。その時の最初の話題は「子どもたちはどうしてあれほど社会的承認を渇望するのか」という話でした。

ごく最近、大学一年生の男子が、「闇バイト」で盗品を運んでいる途中で、車がガス欠になって、路肩に停車したところをトラックに追突されて死亡したという事件がありました。その学生はふつうの中産階級の家の子で、中高と優等生で、それなりの大学に入学したばかりでしたが、「しゃべりがうまくなりたい」という理由でホストクラブでバイトを始め、その直後に「闇バイト」の途中で事故死した。

いったいこの学生は何を求めて、「そんなこと」をしていたのかを白井さんと考えました。そして、もしかしたら自分を固有名で認知し、評価し、愛してくれている家族や学校の友だちを超えたもっと広い範囲で、「不特定多数の人からの社会的承認」を求めていたのではないかという仮説にたどりつきました。この「不特定多数の人からの社会的承認」を求めるという傾向はある時期から、急激に強化されてきたように思います。

最近行われたアンケートで、小学生の「一番なりたい職業」の一位は「ユーチューバー」でした。

それはたぶんユーチューバーが「最も効率的に社会的承認を得られる職業」だと子どもたちが感じているからだと思います。アイフォン一台あれば、理論的には「世界に向けて発信」できるんですからね。何の準備も要らない。何の資格も要らない。学歴不問・職歴不問で、「しゃべりがうまければ」、それだけで有名になれて、月収何十万も、うまくすれば数百万円も稼げる。

実際にそうやって有名人になって、それを足がかりに国会議員になったりした実例が目の前にある。「費用対効果を最優先に考えるように」とずっと教え込まれてきた子どもたちが、「じゃあ、『有名になる』ためにユーチューバーになるか」と考えるのはたしかに合理的な選択なんです。

でも、僕が気になるのはこの「有名になる」という欲望のあり方なんです。なんで「有名になりたい」と思うんでしょう。

というのは、僕自身を顧みた時、子どもの頃に別に「有名になりたい」と思ったことはないからです。

「なりたい職業」は中学生の時は新聞記者で、高校生の時は文学研究者でした。自分には「書きたいこと」がある。それを公表して、「読みたい」という人に届けたい。そういうシンプルなことを職業にしたかった。

まず「書きたいこと」がある。それが高い評価を得るようなものなら、結果的に読者の間で名前が知られるということはあるかも知れませんけれど、それは書く目的ではありません。

書きたいことが書けて、読みたい人に届くなら、そこで僕の目標は達成される。何人かの読者に固有名で認知されればそれで十分だ、そう思っていました。それはいまも変わりません。

そして、自分の中から「書きたいこと」はつねに涸れることなく湧出してくるだろうということについては子どもの時にすでに確信がありました。自分の中にはささやかな「鉱脈」のようなものがある。それは僕の外にある、何か巨大な地下鉱脈のようなものとつながっている。その地下鉱脈は、無数に枝分かれして、いろいろな人につながっていて、その枝分かれしたうちの一つが僕の中にある。だから、別に何かを無理に創造したりする必要はないんです。大事なのは、鉱脈から噴き出してくるものの「通路」になることです。その通り道に何か「詰まり」ができてはいけない。できるだけ「通路」の内側に澱とかゴミとかが溜まらないように気づかう。外部から僕を通り過ぎて噴き出してゆくものの流れの妨げにならない「良導体」になるように努める。それだけでいい。何か大きなものの「通り道」になることを自分の職業にしたいと思っていました。

もちろん子どもの頃はこんなふうにわかりやすい言葉で考えていたわけではありません。もっと漠然としていました。でも、職業というものを一種の「ミッション」だと考えていたことはたしかです。自分の発意で選択することではなくて、何か「自分よりずっと大きなもの」から負託されるものだと感じていました。

そう書くと、僕もかなり変わった子どもだったと思います。

でも、せっかく生まれてきた以上、何か「自分にしかできないこと」があるにちがいないから、それを仕事にしようということはずいぶん小さい頃から思ってきたと思います。

あるいはそれは6歳の時に心臓疾患で死にかけた経験と多少は関係しているかも知れません。最初に行った近所の医者が「ただの風邪」と誤診したせいで、病状が進行して、そのうち全身の痛みで身動きできなくなり、専門医のところにたどりついた時は「もう手遅れです」と言われました。「余命一月」ということでした。さいわいアメリカ製の特効薬が効いて、死なずには済んだのですが、心臓弁膜症が後遺症で残りました。「ふつうの人生」は諦めてくださいと医者に言われました。その時子ども心になんとなく「あとは余生」という気がしたのです。余生なら、好きなことをして過ごさないともったいない。それから後です、「自分はいったいどんなミッションを託されているんだろう」と考えるようになったのは。せっかくの「余生」なんですから、「余人を以ては代えがたい」、僕だけのために用意されたミッションを果たさないと生きている甲斐がない。ちょっと変わった子どもではありますけれども、かろうじて生き延びた虚弱児としては、そういうふうに考えるようになるのは、けっこう自然な流れではないかと思います。

そういうふうな考え方をする子どもは「有名になりたい」というふうには考えないですよね。そんなことを目的にして生きていたら、有名になれなかった時にせっかくの「余生」を無駄づかいしたことになりますから。でも、「余人を以ては代えがたい仕事」だと思って働いていたら、その途中で寿命が尽きても、そこまでやった分は「生きた甲斐」になる。

自分に負託されたミッションを探す

どうして子どもたちは「有名になる」ことにこだわるのかという話をしているところでした。その一つの反証事例として、僕自身は「有名になること」に興味がなかったという話をしました。そして、僕が「有名になる」ことに興味がなかったのは、何か仕事をするのは、それが「僕のためのミッション」だと思ったからです。

こんな特殊な例を一つ出しても、あまり説得力はありませんけれども、それでもいくつかの仮説を導き出すことはできそうです。

僕の仮説は、「有名になること」、言い換えると、権力や財貨や威信や名声などなどを手に入れる現世的成功を目指す人は、「ミッションを負託された」という感覚が希薄なのではないかということです。

あなたには「なすべきこと」がある。それがなんだかはまだわからないけれど、自分に負託されたものを探す。それは「有名になる」ということとはマインドセットがぜんぜん違います。自分が「なすべき」ことは何だろうと思っている人にとっては、「いい大学に行きたい」とか「いい会社に入りたい」とか「しゃべりがうまくなりたい」とか「とりあえずまとまったお金が欲しい」とかいうことはあまり念頭に浮かびません。

でも、勘違いして欲しくないのは、「自分に負託されたミッションを探す」というのは、以前日本の教育行政が推進していた「自分探し」というのとはぜんぜん違うものだということです。

「自分探し」というのは「私はほんとうは何者なのか」というアイデンティティーの確立が目的だと思います。でも、「自分探し」をする人が、自分のことを一番よく知っている人たち（家族や友人）にロング・インタビューして、「私はほんとうはどんな人なんでしょう？」

と訊くというようなことはあまり聞いたことがありません。ふつう「自分探しの旅」に出る人は、ほんとうに旅に出ちゃうんです。たいていは自分のことを誰も知らない土地に行って、自分のことをまったく知らない人たちと出会って、「私は誰でしょう？」という問いの答えを探すというのがデフォルトみたいです。

これはどうなんでしょう。自分の際立った個性がそういう経験で見出せるということってあるんでしょうか。僕はあんまりないような気がします。それよりは「飯が身体に合わない」とか「マナーが違う」とか「価値観が違う」ということにショックを受けて、しみじみと「自分は日本人なんだなあ」と思い知るということの方が先に来るんじゃないでしょうか。「やっぱり夏はもろきゅう齧(かじ)りながら、きんきんに冷えた缶ビール飲むのが最高だよな」とか「ワンコインで牛丼でも立ち食い蕎麦でもコンビニのサンドイッチでも食べられる『ちょっと小腹が空いた』時の食文化の深さは日本が最高だよな」とかいうことを思い知るというのは、それ自体はぜんぜん悪いことじゃないんですけれど、それって「自分探し」というよりは「民族的アイデンティティー探し」に近いんじゃないでしょうか。そして、「ああ、日本人に生まれてよかった」みたいな感想をうっかりぽろりと漏らしてしまうと（これが、うっかりするとぽろりと漏れちゃうんですよ）、それこそ文科省が「自分探しの旅に出ましょう」

と日本の子どもたちをあおった戦略の「つぼ」にはまったことになりはしないでしょうか。どうなんでしょうね。

「自分のミッションを探す」というのは、自分の「天職」を探すということです。

これもいままで何度も書いてきたことなので、「その話はもう聴いたよ」という人がいるかも知れませんけれど、たいせつなことなので、何度でも繰り返します。

「天職」を英語ではvocationとかcallingと言います。vocationはラテン語のvoco「呼ぶ」に由来する言葉です。callingは英語の動詞callから。どちらも「呼ぶ」という動詞の派生語です。

そうなんです。天職というのは「呼ばれること」なんです。自分で選ぶものじゃなくて、「あちら」から呼ばれるんです。

前に「惻隠の心」の時に、井戸に落ちそうな子どもの「救難信号」を感知するところから人間性は始まるということを書きましたけれど、天職も同じなんです。自分を呼ぶシグナルを聴き取ることなんです。

だからいま、日本の学生たちがやっている「就活」というのは「天職に出会う」上ではまったく役に立たないということです。こんなことを言うと日本中の大学の「キャリアセンター」とかキャリア教育担当教員全員に喧嘩を売っているようなものですけれども、そのリスクを冒してあえてもう一度申し上げます。就活は自分の天職に出会う上ではまったく役に立ちません。

だって、採用する側は「落とす気まんまん」なわけですから。倍率100倍とか、1000倍とかいう求職者が殺到する仕事って、要するに99％の求職者を「呼んでない」ということですよね。「君がぜひ欲しいというわけじゃないんだ。だって、君の替えなんか掃いて捨てるほどいるんだから」と公言している。呼んでないんです。呼んでないところに、そこに殺到する他の人たちをかき分けて飛び込んでゆくって……あんまり意味がないように僕は思いますけどね。

せっかくなら「呼んでいるところ」に行くのがいいんじゃないか。僕はそう思います。

「呼ぶ」声は出会いがしらに到来する

この「呼ぶ」声って、ほんとうにいきなり、出会いがしらに、by accidentに、到来するものなんです。「惻隠の心」の場合とよく似ていて、多くの場合（ほとんどすべての場合）「すみません。ちょっと手を貸してくれない？」という文型で到来します。「手を貸す」って、ほんとうにちょっとしたことなんです。「ちょっとそこのドア開けといてもらえますか？」とか「ちょっとそのテーブルクロスの端っこ押さえておいてくれますか？」とか、ほんとうにそういうカジュアルな依頼から始まるんです。

そして、その不意の依頼に対して「あ、いいすよ」と応じて、ちょっと手を貸したら、その後に「どうもありがとうございました。いや〜、助かりました。あ、よろしかったら、この肉まん食べます？」というような展開になる。これがなるんです。必ず。「肉まん」じゃなくて「みかん」とか「麦茶」とかいう場合もあるんですけれど。そして、そこから天職への道が開ける。誠に不思議なことですけれど。

なぜそんな「不思議なこと」が起きるかというと、ある人から発信された「ちょっと手を貸してもらえませんか」という「救難信号」は、それを受信した人以外には聴こえないからです。同語反復に聴こえるかも知れませんが、そうなんです。

他の人の耳には「ちょっと手を貸してもらえませんか」というシグナルそのものが届かなかった。ほんとうに聴こえなかったのかも知れないし、聴こえたけれど、先を急ぐから無視したのかも知れません。聴こえたけれど、「それくらいのこと、人に頼らず、自己責任でやれよ」と思ったのかも知れない。わかりません。

でも、たまさかそれが聴こえてしまった人がいた。そして、ちょっと手を貸す気になった。これが実はなかなか起きない、稀有の「出来事」なんです。

「惻隠の心」の時も書きましたけれど、「惻隠の心」が兆すのは「子どもが井戸に落ちかけている」と思った人の身においてだけなんです。そう思わなかった人たち、子どもを助けるために思わず手を差し伸べるということをしなかった人たちが実際にはたくさんいたのです。その人たちの方がむしろ多いのかも知れない。

でも、その人たちは別に例外的に薄情だったわけじゃありません。そこにいたのが「助けを求めている子ども」に見えなかっただけなんです。「大の大人が井戸のそばをちょろちょろしてるな」と思って通り過ぎたのかも知れない。あるいは「井戸」そのものが見えずに、「子どもがいるな」と思っただけで通り過ぎたのかも知れない。あるいは「井戸に落ちている」のを「水たまりで遊んでいる」と思って通り過ぎたのかも知れない。わかりません。

でも、そういう人たちの中に「子どもが井戸に落ちそうだ」と思った人がいた。そして、「惻隠の心」が発動した。どうして「惻隠の心」が発動したかというと、「助けて」という子どもからの（声にならない）「救難信号」を受信してしまったからです。「助けて」という声が聴こえてしまったんです。聴こえてしまった以上助けないわけにはゆかない。そういうことだと思います。

「ちょっと手を貸してくれないか」という神の声

「天職」との出会いもそれと構造は一緒です。天職は人を「呼ぶ」んです。でも、その「ちょっと手を貸して」という「救難信号」が聴こえる人と、聴こえない人がいる。ほとんどの人には聴こえません。だから、それが聴こえてしまったということがある種の「宿命」なんです。

『聖書』を読むと、族長や預言者たちの耳に「主の声」が聴こえるという場面が何度も出てきます。彼らが「主の声」に従って行動したことで一神教信仰はかたちを整えてゆきます。「主の声」は「ねえ、君、ちょっと手を貸してくれないか」という「呼びかけ」なんです。「これから一神教信仰というものをこの世界に広めたいのだけれど、ちょっと手を貸してくれるかな」と「主」は呼びかけたのです。

でも、よく考えると不思議な話だと思いませんか。「主」って創造主なんですよ。全能の神なんですよ。全能の神が人間に向かって「ちょっと手を貸して」と言うのって、変だと思いませんか。

全能の神なら、初めから一神教信仰を深く内面化した人間を創造すればいい。世界の初期設定に「一神教信仰」をビルトインしておけばいい。でも、「主」はそうされなかった。人間を霊的に未熟なものとして創造しておいて、その人間のうちに「神を畏れる心」が生まれるのを待った。

ここが一神教のかんどころなんです。神は人間を創造した時に「神を畏れる心」だけは人間の中に入れなかった。「神を畏れる心」は人間が自分で見出さなければならない。もし

「神を畏れる心」を標準装備した人間を創造して、その人間たちに礼拝されても、「主」はたぶんぜんぜんうれしくなかったからだと思います。それは腹話術師が、自分の人形に「あなたを崇拝します」と言わせているようなものですから。

もし神が真にその威徳にふさわしいものであるなら、「神を畏れる心」を自力で見出すことができるようなものとして人間を創造されたはずである、ユダヤ教はそう教えます。

タルムードの一節を引いてエマニュエル・レヴィナスはこう書いております。

「『すべては神のみ手のうちにある。神を畏れる心を除いては』とラヴ・ハニナは語った、とタルムードの古い一節のうちには書かれている。(『ベラコット篇』33b)。神を畏れるのは人間の仕事なのである。」(エマニュエル・レヴィナス、『観念に到来する神について』、内田樹訳、国文社、2017年、314頁)

人間は霊的に未熟な状態で創造されますが、やがて「神を畏れる心」を自ら見出すものがそこから生まれてくる。つまり創造主は霊的に成熟した状態を初期設定にせず、霊的に成熟する「可能性」だけを人間に与えた。だから、「主」からの呼びかけが聴こえる人と聴こえない人がいる。ほとんどの人には聴こえなかった。だから、それが聴こえた例外的な人たちが「預言者」と呼ばれたわけです。文字通り「主の言葉を預かった人」です。そして、その人たちを拠点にして、一神教信仰は世界に広がっていった。

僕はこの一神教の発生についての「物語」には、ある種の普遍性があると思います。「主」は全知全能です。でも、その「主」は世界を一神教が標準装備されているという設定では創造しなかった。そして、人々を一神教信仰に導くために「ちょっと手を貸して欲しい」という呼びかけをして、それに応える人が出てくるのを待った。ずっと待ったんです。気が遠くなるくらい長い時間待った。するとある時に「ちょっと手を貸して」という「主」からの呼びかけに「はい」と返事をする人間が登場してきた。ノアがそうですし、アブラハムもそうですし、モーセもそうです。

誠に奇妙なことですけれども、全知全能の「主」と、まさに井戸に落ちようとしている「子ども」は機能的には同一なのです。どちらも「助けて」という救難のシグナルを発していて、それを受信してくれる人の登場を待っていた。そしてこの救難信号はたいへんに聴き取りにくいものだった。でも、それを聴き取った人がいた。そして、聴き取ったことを通じて、人類を倫理的に少しだけ向上させた。その点では、孟子の井戸に落ちる子どもの話と、預言者に呼びかける「主」の話は「同じ話」なんです。だって、どちらもそれが「仁の端」であり、「人間の人間性の起点」だからです。

ブルシットジョブはなくならない

どうしてこんな話を始めたのか、ちょっと話をもとに戻しますね。

もともとは古谷さんが出会った「嫌な仕事をするから高収入になる」というコンサル出身の知人の言葉への違和感についての話から始まったのでした。たぶんこの人も含めて、「有名になる」「金持ちになる」ということを職業の目的としている人たちは、その目的を達成するために最も費用対効果のよいやり方を探すということに関心を集中させて生きているのだと思います。そして、その人は「人が嫌がる仕事」を積極的に引き受けることが「ショートカット」だという経験知を身につけた。たしかにそれも一つの見識だと思います。彼はおそらくそのやり方での「成功体験」の裏づけがあるから、そこまで断言するんでしょう。

でも、これはかなり危険な生き方だと僕は思います。というのは、もし彼の説明がほんとうなら、その仕事の相当部分は「不快に耐えること」であるはずだからです。

そして、誠に不思議な話ですが、不快に耐える、無意味に耐える、不条理に耐える……そういうことが高く評価され、高収入をもたらすというのは事実なのです。

役に立つ仕事をしている人が地位が低く、報酬が少なく、いかなる価値も生み出さない人の方が地位が高く、報酬が多いというのは、いまに始まった話ではありません。人類の黎明期からずっとそうだとソースティン・ヴェブレンは書いています。

ヴェブレンは直接生産労働にかかわらず、生産された財に対して既得権益を主張する人たちのことを「有閑階級（leisure class）」と呼びました。

有閑階級の起源は、太古における非生産的で栄誉を担う階級に発します。この時期に強健な男子に期待されていたのは、略奪することでした。狩猟時代が終わって、農業生産が始まった後も、最も尊敬される職業は武人であり、聖職がそれに続きました。彼らは労働を免除されました。まさに「労働しない」ということが彼らが卓越した地位にいることの指標なのでした。

「略奪以外の手段で財を取得することは最高の地位にいる男にふさわしくない、と判断されるようになる。同様な理由から、生産的な仕事の遂行や他人への奉仕も同じ汚名を着せられる。略奪による英雄的行為や取得と産業的職業との間に、このような妬みを起こさせるような区別が発生する。労働は、それに帰された不名誉ゆえに、厭わしいという性質を獲得するのである。」（ソースティン・ヴェブレン、『有閑階級の理論』、高哲男訳、ちくま学芸文庫、１９９８年、28頁）

なんと、労働は、人類史の黎明期からすでに「厭わしい」ものだったのです。

有閑階級はどうして発生したかについて、進化生物学者のジャレド・ダイアモンドはヴェブレンとはちょっと違う説明をしています。ダイアモンドによれば、有閑階級が発生したのは農業生産の始まりと同時です。

狩猟採集民は食料調達が安定的ではないので、貯蔵できるほど余剰食物を持つことができません。獲物が次にいつとれるかわからない。だから、彼らは飢餓ベースで暮らしました。

余剰食物がない集団では、自分は働かずに人を管理するような非生産者には存在する余地がありません。だから、狩猟民の集団には有閑階級は存在しないというのがダイアモンドの見解です（この点がヴェブレンと違います）。

しかし、農業生産が始まると、人類は「余剰食物」というものを手に入れることになりました。農耕民が生産できるカロリーは単位面積当たりでは狩猟民の10倍から100倍に達しました。つまり、農耕民は、単位面積当たりでは、狩猟民の10倍から100倍の人口を養うことができるということです。この時に、自分は労働に従事せず人に労働をさせることの専門家が登場するとダイアモンドは考えます。

「人口の稠密（ちゅうみつ）なところでは、農業を営んでいない住民が農民を支援するかたちで彼らを集約的な農業生産に従事させた結果、非生産民を養うに十分な食料が生産された。この農民を食料生産に従事させる役割をになう非生産者たちは、族長、僧侶、役人、そして戦士などである。」（ジャレド・ダイアモンド、『銃・病原菌・鉄（上）』、倉骨彰訳、草思社、２０００年、91頁）

農業生産が始まったことで「非生産者＝専門家」が発生します。そして、その時に人類は驚嘆すべき事実を知りました。それは自分は食料生産に携わらずに人に労働させるだけの非生産者がいる方が生産量は増えるということです。なんと。

有閑階級＝非生産者が従事した職業は、戦争、宗教、政治、スポーツ、学問などです。有閑階級は、たしかに食料は生産していませんが、それでもある種の「有価物」を創造してはいるのです。彼らが提供したのは「効率的な組織運営」とか「集団的熱狂」とか「嗜虐的快感」とか「宗教的法悦」とか「知的高揚」というようなものです。食料生産に従事しているだけでは決して得ることのできないものです。

「われわれは恐るべき敵と命がけの戦いを続けている」という物語でも、「われわれだけに選択的に好感を寄せる神によってわれわれは守られている」という物語でも、なんでもいい。そういう物語を持つ集団は、高い結束力を持ち、その集団に帰属している成員たちに、ある種の自己肯定感を与えてくれる。そして、そういう「物語」を持っている集団は、集団をバインドする「強い物語」を持たない集団よりもフィジカルに強い。

ダイアモンドが挙げているのは19世紀にニュージーランドで起きたある部族の虐殺の話です。孤立した小集団からなる狩猟民族が、人口比ではその半数に過ぎない農耕民集団にあっという間に殺されて、食べられてしまったという出来事がありました。

狩猟民たちは自然環境に負荷を与えない「エコロジカルに正しい」生き方をしていました。でも、全員が労働に従事するこの狩猟民たちの集団には、残念ながら、政治的指導者も呪術師も人殺しの専門家もいなかった。非生産者がいなかったんです。そして、一方、そういうタイプの非生産者をどっさり抱え込んでいる農耕民族たちによって、あっという間に虐殺されてしまった……。

この事例が教えるのは、有閑階級＝非生産者を擁している集団の方がそうでない集団よりも生き延びる力は強いということです。誠に哀しい話ですけれど、これが人類史的真理なのです。

なぜブルシットジョブがなくならないのかという問いの答えの一部がここにあります。

ブルシットジョブに専念している人たちは現代における「有閑階級＝非生産者」です。生産には従事せず、何の価値あるものも創り出さずに、「効率的な組織運営」とか「集団的熱狂」とかを創り出すことがこのブルシットジョバーたちの本務です。

キーボードを叩いてディスプレイに表示される数字に一喜一憂している人たちや、こうるさく査定や勤務考課をしている人たちは、価値あるものを何一つ生産していませんが、実は彼らなりに労働をしているのです。それは「人間は金のために生きている」という幻想をふりまき、集団成員たちに「働くインセンティブ」を提供するという労働です。古代において呪術師やストーリーテラーたちが担っていた「物語を作る」仕事を、現代ではブルシットジョバーたちが担っている。

コンサルたちは目の前の数字を見て、その増減がまるで人間の生き死によりもずっと重要な出来事であるかのように、青ざめてみたり、烈火のごとく怒ってみたり、涙ぐんだり、満面の笑みをたたえたり……することができます。そういう呪術的なふるまいを通じて、彼らは生産する人たちの「働くインセンティブ」に点火しているのです。その点では、太古における呪術者とそれほど違うことをしているわけではありません。

ですから、古谷さんがお会いしたその元コンサル君の話はあるところまでは人類史的事実を踏まえているんです。困ったことに。彼が語っているのは「危険な半真理」とでも呼ぶべきものです。

彼はたしかにその仕事で高い報酬を得てはいましたけれども、自分がしていることを「嫌な仕事」だと認めているのだとしたら、これはかなり自滅的な生き方だと思います。

それは「不快に耐える」「無意味に耐える」「不条理に耐える」というのは、自分の感受性を鈍感にすることなしにはなしとげることができないタスクだからです。

不快な刺激の多い環境に置かれると、人は自分の五感の感受性をあえて鈍くすることで身を守ろうとします。目に入る視覚入力が不快であれば、目を閉じる。耳に入る聴覚入力が不快であれば耳を塞ぐ。悪臭がすれば息を止める。皮膚に触れるものが不快であれば、身体を硬くして、なるべく感じないようにする。満員電車に乗っている人たちがその典型ですね。目は手元のスマホ画面に固定し、耳にはヘッドセットを詰め込み、身体をかちかちに固めて周りの人にできるだけ触れないようにしている。あれが「外部からの入力をゼロにしようとしている人」の姿です。

外部からの入力をできるだけ少なくする生き方をデフォルトにすると、とても困ったことが起きます。それは「自分を呼ぶ声」が聴こえなくなるということです。

「井戸に落ちかけている子どもの声」も、「主の声」も、聴こえない。ですから、「惻隠の心」も発動しないし、一神教信仰も立ち上がらないし、「天職」にも出会えない。

さ、今回も長く書き過ぎました。これくらいにしておきます。「え、話が途中ですけど」

とお思いでしょうけれども、そういうものなんです。往復書簡というのは、長い落語と同じで「『唐茄子屋政談』の中ほどでございます」ですたすた高座を下りてもいいんです。

でも、次の便くらいではここまで張り巡らした伏線の回収にかかる予定です。もうだいたいおわかり頂けたと思いますけれど、勇気も正直も親切も、すべて最終的には「心耳を澄ませて無声の声を聴く」という武道の「ノイズ論」に集約されるのであります。

うまくゆけば、次回が最終回になると思います。話がとっちらかったままで、うまくフィニッシュが決められないかも知れませんが。では。

（2023年6月6日）

通目

9通目の手紙

勇気という言葉に反応した自分は「不安」だったのかも知れません。

内田先生

返信、お待ちしていました。たいへんな数か月をお送りされているなか、気にかけていただき、ありがとうございました。「序破急（じょはきゅう）」の「急」にあたるような大展開、すぐに続きが読みたいと思っています。

この往復書簡の話が持ち上がったのが、2022年の6月。一年で、こんな展開が待っているとは、神戸に先生をお訪ねした時の、まずは話を聴きたいと思った時のことを考えると、感無量です。

いまさら呑気なエピソードを加えても邪魔になるだけだと思い、往復書簡を最初から読み返してみました。そして気づいたことがあります。「勇気」というキーワードから引っ張ってきたはずのエピソードだったはずなのに、なぜか、自分がハッと我に返った瞬間の記憶ばかりですね。どうしてだろうかと考えるうちに、内田先生に誘導されていたんだということに（いまさらながら）気づきました。

ふだんは蓋を開けたりしない記憶のプールから、無理やり掘り出した、何もオチのないエピソード。それらが、伏線のようにこれから展開される「ノイズ論」に回収されていく。それこそが、先生が往復書簡の形式を提案された仕掛けだったとは。

勇気について考えたって結論なんか出てこないよ、それより勇気という言葉に反応した心に正直に向き合ってごらんなさい、というメッセージを伝えるためであった、と。

そもそも、なぜ「勇気が足りない」というフレーズに反応したのか、考えてみました。ひょっとしてたんに「不安」だったのかも知れません。

目の前の仕事だったり、今後の自分だったり、社会の変容だったり、コロナ禍で人と直接会う機会が少なくなる一方で、メディアからは不安を駆り立てるニュースばかり流れてくる（ように感じてしまう）。もともと、先のことなど、誰もわからないはずなのに、内面の不安ばかりが膨張していたんだろうと思います。

「勇気」に反応したのは、そういう自分だったのですね。


最初の手紙でも書きましたが、いままで編集の仕事をする上では、どういう本にするのか、だいたいのイメージを持っていました。しかし、この往復書簡は、全体のこととか考えず、次に何を書こうかということだけに集中していました。はじめての経験でした。ただ個人的に内田先生の「話を聞きたい」と思ったことからすべてが始まりました。

手紙を書くなかで、自分の内面を少し奥まで掘ることができたこと、その行為自体が「勇気」を考えることだったような気がしています。

見当違いだったら、すみません。「ノイズ論」に収拾していただけたらうれしいです。


（２０２３年６月12日）

9通目の返信

最後に、「勇気」の意味を調べてみましょう。

古谷さま

こんにちは。内田樹です。この便で一応最終ということにしたいと思います。書きたいことは後からまたいろいろ思いつくかも知れませんが、きりがないですからね。この最終便では前便の最後で予告したように、「心耳を澄ませて無声の声を聴く」という武道修業の話について書きたいと思います。でも、そこから始まって、どんな結論に行き着くことになるのかはまだわかりません。書いているうちに思いつくでしょう。

話題が転がって、その流れに付き合う

古谷さんが書かれているように、僕はある単語がきっかけになって思いがけない方向に話が転がってゆくという書き方が好きなんです。学者だった頃には、もう少し体系的な書き方を心がけていたのですが、ある時期から「体系的にまとまったもの」より「話頭は転々として奇を究め」という書き方をするようになりました。だって、その方が、書く僕も、読む人もどっちも楽ですから。話頭が転がるには、転がるなりの必然性があるからです。だったら、その流れに付き合った方がいい。どこに転がるのかは、書いている僕にもわからない。

それにありがたいことには、この年になると「学者のくせに、どうして厳密に書けないのか」と叱り飛ばすような人がもう周りにいなくなりました。年上のうるさ型や同年配の学者たちも、ぼちぼち鬼籍に入られたり、隠居したりしています。ですから、ぱらぱらと文句を言ってくるのは僕よりだいぶ若い人たちです。なかなか手厳しい批判もされるんですけれども、もう古希まで生きてきてしまうと、いまさら「反省」するわけにはゆきません。うっかりご批判に応えて、考え方や書き方を変えてしまった後になってから編集者や読者が「最近、

ウチダの書くものって、前に比べると、なんか角がとれて、つまんなくなったね」という感想を持つようになったら、文句の持っていく先がありません。

だいたい若い人からのご批判というのは「もっと面白く書け」とか「もっと過激にやれ」じゃなくて、「もっとまじめにやれ」「もっと政治的に正しいことを書け」とか「自分の専門外のことに口を出すな」とかいうどちらかというと「学級委員的なもの」なんですよ。それはご勘弁願いたい。そんなリクエストにうっかり頷いて、僕が「学級委員的なもの」なんか書いても仕方がない。だって、そんなものなら書ける人が他にいくらでもいるんですから。僕はできたら僕以外に「そんなこと」を書く人がいないことを選択的に書きたい。せっかくいくばくかの紙数を提供されて原稿を書くんですから。

それに考えてみてください。批判されたら、縮みあがって、言われるままに、それまでのスタイルや思想信条を捨ててしまうようなへなちょこな書き手の書くものをお読みになりたいですか？「なんだよ、その程度の覚悟でこれまで書いていたのか。情けない野郎だな」と思うだけじゃないですか。

ですから、申し訳ないけれど、どれほど理路整然と、異論反論の余地なく「お前の書くものはダメだ」と断罪されても、僕は書き方を変えません。だって、こういう書き方をすることでこれまで飯を食ってきたわけですから。「書き方を変えろ」というのであれば、こちらとしては「変えてもいいけれど、その場合はこれから後の僕の生活の面倒をまるごと見て頂きたい」という条件を提示させて頂きたい。

これは伊丹十三のエッセイにあった話です。たしかおうちにカメラマンが来て、写真を撮る時に、伊丹さんに「その帽子を脱いで、サングラスを外してください」という注文をつけた。伊丹さんは、あなたがそう言うなら帽子を脱いで、サングラスも外してもよい。けれども、私はこういう恰好をする人間としてこれまで生きて、生計を立ててきた。あなたがそれを「止めろ」と言うのであれば、私と私の家族の生活の面倒をこれから一生見ると約束してからにして欲しい。そうおっしゃったそうです。

これはほんとうに伊丹さんの言われる通りだなと思いました。私は変な人間であるかも知れないけれども、こんなふうにしてこれまでなんとか生きてきた。それを「止めろ」というなら、この生き方を止めたせいで私が仕事を失った場合には生涯一家の生活の面倒を見るという誓言をなしてからにして欲しい。これって、正論だと思いませんか。

いるべき時に、いるべき場所にいる

さて、本題に入ります。最終便のテーマは「ノイズ」です。

これまで久しく武道の修業をし、門人たちに指導をしてきて、わかったことは、武道の要諦とは「いるべき時に　いるべき場所にいて　なすべきことをなす」という言葉に尽くされるということです。これを「機を見る　座を見る」と言います。次の文章は柳生宗矩（やぎゅうむねのり）の『兵法家伝書』の有名な箇所です。

「一座の人の交りも、機を見る心、皆兵法也。機を見ざればあるまじき座に永く居て、故なきとがをかふゝり、人の機を見ずしてものを云ひ、口論をしいだして、身を果す事、皆機を見ると見ざるにかゝれり。座敷に諸道具をつらぬるも、其の所々のよろしきにつかふまつる事、是も其の座を見る事、兵法の心なきにあらず。」（人々との交友にも機を見る心を要する。これも兵法である。機を見ることができないと、いなくてもよい所に長居して、よけいな面倒ごとに巻き込まれる。また機を見ずにものを言って、口論となり、命を落とすこともある。これはみな機を見ることのできないことから起きる災いである。座敷に家具を並べること、それらの諸道具を適切に使うためには座を見る心がいるが、これもまた兵法の心なしにはできないことである。）

機は時間、座は空間です。ですから、「機を見る心」とは「いるべき時を知る」ということです。「座を見る心」とは「いるべき場所を知る」ということです。とりわけ「いなくてもいいところに長居して、無用のトラブルを起こして、命を落とすこともある」というのは、ちょっとどきっとする指摘だと思います。たしかにそうなんです。酒席でのつまらない諍いや口論で大きな過ちを犯すことがあります。あれはほとんどの場合「もう帰った方がいい」というタイミングを逸して、いなくてもいいところに長居したせいで起きることです。

昔の小説には、どのきっかけで席を立つかについて思い悩むという場面がよく出てきます。調べものがあって、いま森鷗外の『青年』を読んでいるのですけれど、主人公の青年はどこか集まりに行ったり、人に会うたびに、席を立つタイミングのことばかり考えています。江戸時代生まれの親に育てられた青年ですから、たぶん子どもの頃から「あるまじき座に長居してはならない」と教え込まれてきたのでしょう。座を去る時も、周りの人に気取られぬように、用足しにでも立つように自然に席を立ち、ことごとしい挨拶などせずにすっと姿を消す。なんだかずいぶん薄情な男だなと最初は思ったのですが、いや、そうではない。挨拶すれば必ず引き止められる。それを振り切って帰ればそれはそれで「付き合いの悪いやつだ」と「ゆえなきとが」をこうむることにもなる。だから、誰にも気がつかれないうちに静かに席を立つ。なるほど。

そうやって考えると、僕の存じ上げている「大人」の先輩諸氏はたしかにどなたもそうでした。楽しく盃のやりとりをしていて、何かのきっかけで僕がふと他の人との話に気をとられているうちに姿を消している。「あれ、もうちょっとお話ししたかったのに……」という物足りなさを座に残して立ち去っていました。きっと昔の人はそういうことを「家風」の一部として身につけていたのでしょう。

さて、「いるべき時に　いるべき場所にいる」というのはどうやって感知したらよいのか。それが武道の技術的課題です。「いるべき時」や「いるべき場所」はあらかじめ指定されているわけではありません。自分で感じるしかない。別に「いまがいるべき時で、ここがいるべきところだよ」という指示が出るわけではありません。逆です。「いまじゃない、ここじゃない」という警戒のシグナルが出るのです。その警戒のシグナルのことを僕は「アラート」と呼んだり、「ノイズ」と呼んだりしているのです。「正解」が与えられるわけではなくて、「誤答」をしかけると「ざわざわ」するのです。いてはいけない時に、いてはいけないところにいて、してはいけないことをしていると、皮膚が「ざわざわ」する。

この能力は、程度の差はありますが、ほとんどの人に生得的に備わっています。その生得的な資質をていねいに磨き上げれば、ノイズ感知能力は高まります。逆に、「アラートが鳴っても無視する」ということを繰り返すと、ノイズ感知能力は鈍磨し、やがて失われる。

岡本喜八監督の映画に『独立愚連隊』という痛快な戦争映画があります。主人公の大久保軍曹（佐藤允）は歴戦の勇士ですが、ゆえあって新聞記者と身分を偽って北支の荒野を一人で旅しています。友軍の部隊と遭遇して、しばらく道中をともにする時、部隊の下士官が「国民軍も八路軍も馬賊も往来するこんな危険なところをよく一人旅できるね」と怪訝な顔をして訊ねます。すると大久保軍曹は「危ないことが近づくと、この掌がむずむずっとするんです。そしたら、後も見ずに逃げ出す」と呵々大笑する。

『独立愚連隊』は１９５９年の作品です。戦争が終わってまだ14年。スタッフ、キャストの男たちも多くが軍隊経験者です。だから、お話そのものは荒唐無稽なのですが、軍隊生活の細部にはリアリティがあります。おそらく「危ないところに近づくとアラートが鳴る」という特異能力を持った兵隊がいることは彼らにとって特に荒唐無稽な話ではなかったのでしょう。だから、大久保軍曹の「掌がむずむず」というのも「ああ、たしかにそういうやつがいたよ」という話がいくらもあったからシナリオに採用されたのだと思います。

この手の話が僕は大好きなので、もうちょっと続けますね。

ずいぶん前にですけれど、ある大学の看護学部の先生のナースたちと看護をめぐって対談したことがありました。僕はその時に、ドクターというのは自然科学者だけれども、ナースというのは魔女の系譜を引き継ぐ呪術的な医療者であり、この二つの医療原理が習合しているところが近代医療の妙味であるというようなことを話したのです。その話がナースの方の気に入ったらしく、実はナースの中にはいろいろな特殊な能力を持つ人がいるという「ここだけの話」をしてくれました。

僕が対談したナースの方は「死期近い人のそばにゆくと屍臭がする」という能力をお持ちでした。だから、夜勤で病室を巡回する時、病室のドアを開けた時に屍臭がすると「この患者は朝までもたない」とわかる。同僚に似たような能力を持つ人がいて、その人の場合は、「死期近い人のそばにゆくと鐘の音がする」のだそうです。でも、二人がそんなことを言っても、ドクターたちは笑って相手にしなかった。まあ、そうですよね。

　ところがある時に付近で大きな事故か何かがあって、救急に次々と重傷者が運ばれてくるということがあった。医療資源は有限ですから、助かる可能性のある患者から助けるという「トリアージ」をしなければならない。修羅場となった救急病棟で、ついにドクターたちがこの二人に向かって「この患者、屍臭してる？　鐘鳴ってる？」と訊き出したのだそうです。

　人間が死にかかっているわけですから、当然、それなりの生理学的な変化は生じている。ただ、それがごく微細な情報なので、体温計とか血圧計というような通常の計測機器では感知できない。でも、その微細な情報を感知できる人がたまにいる。別に超能力ではありません。できあいの計測機器では検知できない感覚入力を感知できる敏感な感受性を持っているということです。計測機器の感度というごくごくアナログな差異の問題です。

　こういうタイプの感受性を磨き上げるための訓練というものを、昔の人はたぶん子どもたちにいろいろな遊びをさせることを通じて行っていたのだと思います。

ハンカチ落としとかくれんぼ

これも10年ほど前のことですが、僕の合気道の弟子が、子どもたちのための合気道教室を開くことになりました。相手はまだ小さな子どもたちなので、飽きさせないように、いろいろな遊びをまじえて稽古をしたいと思うのだけれど、何かいい遊びはないかと訊いてきました。僕は少し考えて「ハンカチ落としをしたらどう?」とアドバイスしました。

もう最近ではあまりやる人がいませんが、ハンカチ落としというのは、子どもたちを内側に向いて円く座らせて、鬼が一人その外側を歩き、誰かの後ろにハンカチを落として、その子が気づかないうちに一周回ってタッチしたら、その子が負け。自分の後ろにハンカチが落とされたことに気づいた子どもが立って鬼を追いかけ、もとの場所に戻る前にタッチしたら鬼の負けという遊びです。

ハンカチは落としても音がしませんし、落とした後も、鬼は手の中にハンカチを握っている「ふり」をしていますから、自分の後ろにハンカチを落とされても、それについては視覚情報も聴覚情報も与えられません。でも、勘のよい子は、ハンカチが地面に落ちるより先に立ち上がって鬼を追い始めます。

　この子はいったい何を感知していたのでしょう。たぶん鬼の心に兆した「一瞬の悪意」のようなものを感知しているのだと思います。「一瞬の悪意」が微細な足どりの変化、息づかいや体臭の変化として現れる。

　これは小さな子どもが危険な環境を生き延びるためには、たいへん重要な能力だと思います。太古の時代に、人間たちの生活圏にはさまざまな危険がありました。異族や野獣と遭遇した時に、「戦って勝つ」という可能性は子どもにはまずありません。遭遇してから逃げ始めても間に合わない。でも、危険なものに遭遇するよりはるか手前で「このままこの方に向かって歩き続けると『なんだか悪いこと』が起こりそうな感じがする」というアラートが鳴って、歩みを止めて、方向転換すれば、危険に遭遇しなくて済む。子どもに大人を倒せる戦闘能力やライオンに走り勝つ走力を求めるより、「悪いことが起きる予兆を感じる能力」を育てる方がはるかに効率的です。

　そう考えたら、「かくれんぼ」もそうですね。何も見えないし、何も聴こえないのだけれど、「そこ」に何かが隠れているということがわかる。そういう気配がする。

「邪気」とか「殺気」とかを感じ取れる能力は、体力的に弱い個体が生き延びる上では死活的に重要です。ですから、そういう感受性を人類は太古からさまざまな仕方で育ててきたのだと思います。ごく最近まで。ハンカチ落としやかくれんぼは僕の子ども時代まで、1950年代までは子どもたちにとって最も親しみ深い遊びでしたから。

でも、ある時期から、子どもたちが遊びを通じて「危険なものの接近を感じると、ざわざわする」能力を身につけるということを学校でも家庭でも配慮しないようになりました。むろん、第一の理由はそれだけ社会から危険なものが少なくなったということです。それ自体は慶賀すべきことですけれども、だからと言って、この能力を育てる訓練を完全に止めてしまってよいのでしょうか。

文明社会にもさまざまな「異族」や「野獣」は姿かたちを変えて蟠踞(ばんきょ)しています。例えば、SNSでの心ない書き込みのせいで自殺する人はいまも少なくありません。これは現代社会においても、「呪いの言葉」に人の命を奪うだけの力があることを示しています。「呪殺」なんて前近代のもので、もうそんな非科学的なものはなくなったと思っている人が多いかも知れませんが、そんなことはありませんよ。いまでも呪いは十分に有効です。だから、呪いの言葉を他人に投げつける人は多くが匿名を選びます。呪いが相手にうまく届かないと、それは発信者に戻ってくることを知っているからです。return to senderです。それを避けるために発信者名を明らかにしない。

ですから、僕はSNSの荒野を歩く時には、太古と同じように、「こっちへ行くと、何か悪いことが起こりそうな気がする」と感じたら、足を止めて、そっと方向転換するようにしています。ディスプレイに並ぶ文字列を遠くから一瞥しただけで「これは読んではいけない」ということがわかる。「読むと魂が汚れるテクスト」「読むと生命力が減殺されるテクスト」というものがこの世には存在します。存在するどころか、巷はそういうテクストにあふれています。そういうものにはできるだけ近づかない方がよい。それを遠くから感知してアラートが鳴るような設定にしておく。僕はそうしています。

わずかなノイズでアラートが鳴る

武道はいまの社会に残っている数少ない「ざわざわする身体感受性」を育てる体系的な訓練法です。自分が「いるべき時」に「いるべき場所」にいる限りはノイズがしない。アラートが鳴らない。「ざわざわ」としない。掌がむずむずすることもない。でも、「いるべきでない時に」「いるべきではないところ」で「なすべきではないこと」をすると、ノイズが聴こえて、アラートが鳴動する。皮膚がざわざわして、胃袋がきゅっと縮んで、鳥肌が立つ。その徴候を感知したら、とりあえずすぐにその場を去る。それは「長居して、口論をしだして、無用のとがをこうむる」リスクを回避するためかも知れませんし、もっとリアルで短期的な局面では、白刃が振り下ろされる刃筋の下にいたり、誰かの拳が顔面をとらえる線上にいるからかも知れません。そんなシリアスな場合でも、そこにいなければ、悪いことは何も起こらない。どれほどのスピードで、どれほどの剛力で、刀が振り下ろされようとも、拳で突かれようとも、その時にそこにいなければ、悪いことは何も起こらない。理屈ではそういうことになります。

わずかなノイズの入力ですぐにアラートが鳴るように設定を高めにしておけば、いてはならない時に、いてはならないところにいるリスクを低下させることができます。武道が涵養する身体能力というのは、突き詰めれば、そういうものです。その能力が高ければ、一生涯、どんなリスクにも出会わずに済みます。だから、「天下無敵」です。天下どこにも敵がいない。だから、戦う必要もないし、勝つ必要もない。

僕たちが目指す武道家というのは、それです。ひっきりなしに「敵」と遭遇して、そのつど勝ち続けるなんか目指しても仕方がありません。不可能だから。どんな人だって体調の悪い時はあるし、寝込みを襲われたり、お風呂に入っている時に襲われたりしたら困る。それにいずれ加齢して、足腰がおぼつかなくなる。

でも、「天下無敵」の人は、体調の悪い時には絶対安全なところで養生するし、寝る時も絶対大丈夫なところで寝るし、お風呂に入る時も絶対大丈夫なところで湯に浸かる。年をとったらさっさと隠居してしまえば、生涯ついに強弱勝敗巧拙を競うことと無縁に過ごすことができる。それが僕たちの修行の目的です。

どういうふうな稽古をするのか、ちょっとだけご説明しますね。

合気道のような徒手の技の場合ですと、相手に腕をつかまれたり、肩をつかまれたりする状況から逃れるためには「どうすればいいか」という技術的課題と向き合うことになります。でも、武道的に言うと「相手に腕をつかまれる」とか「肩をつかまれる」というのは、もう斬られている、刺されているということですから、ほんとうはそういう体勢になってはいけないのです。そうなる前に、そこではない場所に移動していなければいけない。それが「機を見る　座を見る心」であることは上に述べた通りです。でも、武道の形稽古では、事前回避行動ができずに、すでにアラートがかなりはげしく鳴動している状態からスタートします。

あえて不安や恐怖心が亢進して、心身のパフォーマンスが低下する状況を設定して、その状況からどうやって「ノイズを消す」か、そのための心と身体の使い方を稽古します。

よくアクション映画で、ワルモノが修羅場の渦中に飛び込んできた主人公に向かって「お前はいてはいけない時に、いてはいけないところに出くわしたんだよ（you are in the wrong place at the wrong time）」と言いますね。アクション映画の主人公たちは「いるべきではない時に、いるべきではないところにいた」せいで英雄的行動を余儀なくされるわけです。でも、毎度それが可能なのは、実は彼のアラートがちゃんと鳴動しているからですね。けたたましい音でアラートが「そこに行っちゃダメ」と警告しているのに、それを聴くとついつい「そっち」に引き寄せられてしまうという因果な性分が彼らをして映画的英雄たらしめているのでした。

僕たちがしているのはもちろん英雄になるための稽古ではなく、wrong time wrong placeをどうやって回避するか、そのための能力開発です。きちんとアラートを聴き取って、けたたましいノイズが最少化するような動線をたどって動くことができるようにする。その稽古をしています。

別に「こうつかまれたら、こうやってはずす」「こう斬り込まれたら、こう躱す」という手順が決まっていて、その手順を覚えるのではありません。僕たちが遭遇する危険な状況というのは理論的には無限にあります。「腕をつかまれる」と言っても、どういう角度から、どういう強さで、どういう種類の力が加わるかなんて、場合によって千変万化します。ですから、定型的な身体を一つ覚えたら、それで「おしまい」というわけにはゆきません。手順を覚えるのではなく、どういうふうな心と身体の使い方をすれば「アラートが鎮まり、ノイズが消えるか」を研究するのです。

よくアクション映画で（『インディ・ジョーンズ』とか）、洞窟の壁ががらがらと崩れてきた時に「こっちだ」と言って、みんなを先導して危地を脱出する人がいますね（ふつうはそれが主人公）。あれが実は「ヒーローの条件」なんです。知っているはずがないのに「こっちに逃げれば安全だ」と言ってみんなを先導できることが。

なんというご都合主義的なシナリオだと眉をしかめる人がいるかも知れませんけれど、そうでもないんです。「ヒーローは危地を脱出する道筋をなぜか知っている」のではなくて、「どうしていいかわからない時に、どうしていいかわかる人」であること、それが冒険譚の主人公の条件なのです。

これは馬がそうなんです。僕は少し前から時々信州まで行って乗馬の稽古をしているのですけれども、その時にインストラクターの方たちから馬の習性について話を伺うことがあります。馬というのは、みなさんご存知の通り、たいへん臆病な生き物です。ですから、いつでも「何か危険なことがあった時に、誰について逃げればいいか」ばかり考えている。馬の群れだけでいる時に何かあると(獣が襲ってきたとか、山火事が起きたとか)、確信を持って逃げ道を指示する個体がいます。そうすると、他の馬たちはみな一糸乱れずそれに従う。人間が騎乗している時は、騎手が確信を持って逃げ道を指示すれば、馬たちはそれに従う。リーダーの条件は「どうしていいかわからない時に、どうしていいかわかる」能力なんです。

それはどの方向に向かえば「ノイズが消える」かが皮膚感覚的にわかる能力を備えている個体がいるということです。皮膚の感度のようなものですから、その精粗には個体ごとにばらつきがあります。素質の差がある。さきほどアクション映画のヒーローの条件はwrong time wrong placeに「なぜか」居合わせる能力だということを申し上げましたけれども、これはwrong time wrong placeから逃げ出すタイミングやルートが「なぜか」わかる能力と裏表をなしています。同じ能力を別の言葉で言い換えているだけのことです。

資質の差はありますけれども、武道の稽古はそのような能力を選択的に開発するために体系化されています。ですから、どなたでも、長い歳月をかけて稽古すれば、「どうしていいかわからない時に、どうしていいかわかるようになる」能力を育ててゆくことはできます。とりあえず、この理屈さえわかれば、恐怖心を抱くとか、身体をがちがちに硬くするとか、一つところに居着いて身動きできなくなるとか、そういうことは「絶対にしてはいけない」ということはどなたにでもわかるはずです。

アラートをオフにするトレーニングをしている日本の子どもたち

でも、それができない初心者が非常に多い。危機的状況に陥ると、目を閉じ、耳を塞ぎ、身体をかちかちに硬直させて、その場に座り込んでしまう。「武道的に絶対にしてはいけないこと」を選択的にする。それは子どもの頃からずっと「そうしなさい」と教えられてきているからです。

日本の子どもたちは、小さい時から身体感受性を鈍感にする訓練を受けてきています。アラートが鳴り出したら、アラートをオフにするように教えられている。ノイズで身体が「ざわざわ」してきたら、感じないように身体を硬直させなさいと教えられている。これはほんとうに生き延びる上で危険なことだと思います。

いま子どもたちは外界の情報を摂取する時に、ほとんど視覚情報に依存しています。聴覚情報がいくぶんか視覚を補いますが、それ以外の感覚はまず使いません。それは電車の中で、携帯の画面に見入って、耳にヘッドフォンを差し込んでいる若い人を見ればわかります。嗅覚も触覚も「オフ」になっている。仕方がないです。嗅覚を敏感にしても、触覚を敏感にしても、都市生活においては「いいこと」がないから。嗅覚を敏感にすれば嫌な臭いが入ってくるし、皮膚感覚を敏感にすれば身体に触れてくる不愉快な接触を感知するだけなんですから。

でも、そういうふうな生活をずっと続けていると、外界の情報を採り入れる時に、視覚優位になります。視覚だけで外界とかかわるというのは「対象と距離をとる」という点ではたいへん便利なんです。目には「まぶた」というものがありますから、それを閉じれば感覚入力を遮断できる。でも、耳に「みみぶた」はないし、鼻に「はなぶた」はない。もちろん皮膚にも「はだぶた」はない。ですから聴覚入力、嗅覚入力、触覚入力について「気に入らないから」といって入力を瞬時のうちに、完全に遮断することはできません。

だから、環境に不快な要素が多いせいで五感を敏感にしても利益を得ることがないという条件をデフォルトにして暮らしていると、とりあえず目に見えるものだけを「現実」として認知するようになる。見たくない時には見ずに済むたいへん便利な感覚だからです。でも、視覚に過剰に依存することは、生き延びてゆく上でかなりリスクの高い選択です。

さきほど「ハンカチ落とし」と「かくれんぼ」のことを書きましたけれども、僕たちを待ち伏せている「危険なもの」はしばしば視覚的にも聴覚的にも感知されません。そういうものは「気配」で感知するしかない。でも、日常的に視覚優位で生きていると「気配」を感知することができなくなる。というか「気配」という単語の意味さえわからなくなる。「何それ？　お前そんなもの感じられるの？　超能力者かよ」とせせら笑われるかも知れません。

でも、もちろん「そんなもの」は感じられます。ただ、僕たちの手持ちの計測機器では、数値的に表示できないだけです。

初心者を教えていると、彼らが技を遣う時に「自分の目に見える範囲」で仕事を終わらせようとする傾向があることに気がつきます。「自分の目に見える範囲」というのは、上下は膝から額くらいまで、左右は両腕を120度くらい広げたくらいの範囲です。初心者の多くは、その範囲内で、自分が操作できる随意筋だけを使って技を遣おうとする。だから、ちょこちょこした技になる。というか、技にならない。当たり前です。目に見える範囲で、脳の指令で動く運動筋だけを使って、武道の技が成り立つはずがない。全身を同時に動かさないと技にはならない。目に見えない部位にも、そのような身体部位が存在することを脳が知らない部位にも参加してもらわないと技にならない。

そもそも「操作する」脳と「操作される」身体という心身二元論的な言葉づかいで語っている限りは武道にならないのです。だって、何かあるたびに、末端から中枢に「いま、現場ではこんなことが起きていますが、これからどうすればいいでしょうか?」という報告メッセージが送られ、頭がその情報を判断して、運動筋に「こう動け」という指令を出すというような手間暇のかかることをしていたら、「機を見る」ことなんかできやしません。あっという間に死んでしまいます。

現場判断で、瞬間的に、最適解を選択しなければならない。そして、その動きに全身の部位が有機的に連動しなければならない。そのためには僕たちの身体が触覚的に外界を認知し、触覚的に動くものでなければならない。皮膚で感じて、皮膚で動くのです。それは皮膚は一つながりだからです。別に気色ばんで言うほどのことではありません。つながっているに決まってます。どこかに切れ目があって、ばらばらに着脱できたらたいへんです。皮膚は頭のてっぺんから足の裏まで一つながりです。だから、皮膚のどこかが感知したことは全身の皮膚が同時に感知します。どこかの皮膚が動けば、それにつながっている全身の皮膚が動く。当たり前と言えば当たり前のことなんです。だから、触覚的に世界を認識して、触覚的に世界に働きかけるというスキームが最も効率的なんです。

触覚は発生的には五感のうちで最も古いものです。原生動物にだってあります。触覚情報だけで餌があれば近づき、捕食者がいれば遠ざかる。それくらいのことはゾウリムシだってできます。人間にできないはずがない。現代人はその太古的な能力の開発を怠っているというだけのことです。

心耳を澄ませて無声の声を聴く

道場では「心耳を澄ませて無声の声を聴く」ということを門人たちによく言います。これは多田宏先生から伺った言葉です。おそらく禅語なのだと思いますが出典を知りません。でも、実感としてはわかります。聴覚以外の感覚によって「聴く」。

そんなことできるはずがないと思われる方がいるかも知れませんが、それは五感というこ
とをデジタルにとらえているからです。感覚というのはアナログな連続体なんです。

現に「きく」という動詞は聴覚には限定されません。「花の香をきく」という表現は古文
にはよく出てきます。中世人までは花の香りは「きいて」いたのです。お酒の良し悪しを舌
で判別することも「酒をきく」と言います。前近代まで、聴覚と嗅覚と味覚はそれほど截然
とは分節されることのない一続きのものだったんです。

視覚は光のエネルギーが網膜上の感覚細胞を刺激することで生じるものです。聴覚は空気
の震動が鼓膜を刺激することで生じる。嗅覚は鼻孔の中の、味覚は舌の受容体が化学物質を
感知して生じる。全部外界から到来して「肌身に触れてくるもの」に感応しているのです。

ですから、僕の解釈では、「心耳を澄ませる」というのは、光のエネルギーや空気震動に
反応するばかりか、鼻と舌の受容体も、皮膚に点在する圧覚、痛覚、温覚、冷覚の受容細胞
も、さらには体軸の傾き、重心の位置、正中線の方向、内臓の布置などの感覚情報もすべて、
一つながりのものとして、受信するということです。そうやって感覚情報をすべて取りこぼ
しなく入力する開放的な構えのことを「心耳を澄ませる」という一語に託している。たぶん

そうだと思います。

この全方位的に開放的な構えによって、空間に漂うさまざまなシグナルを聴き取る。そして、自分が果たしていま「いるべき時に、いるべき場所にいる」のかどうかをチェックする。


それと同じことは僕が稽古している能楽でも実感されます。これはもう何度も書いてきたことですけれど、能舞台は目付柱という柱が「陽極」、反対側に穿たれている切戸口が「陰極」という二極で構造化されています。そこに囃子方、地謡、ワキ方、作り物などが舞台上に並んでいて、それぞれが固有の仕方で、固有のシグナルを発します。

シテとして舞台に立つと、能舞台が無数のシグナルが行き交う空間であることが皮膚感覚で実感されます。シテはその行き交う無数のシグナルを読み取って、「いるべき時にいるべきところ」を探り当て、そこで定められた所作を行う。舞台そのものからシテに対して指示があるのです。舞台から「あちらへ進め」という指示があり、「ここで止まれ」という指示があり、「ここでこの所作をしろ」という指示がある。「それ以外はあり得ない」という時間的・空間的な一点があり、そこに立った以上「それ以外はあり得ない」所作がある。その必然性が能楽における所作の「美」を構成している。僕はそういうふうに考えています。

もちろん、これは僕自身の限られた経験に基づく個人的な意見に過ぎませんが、僕がそういう言葉で能楽について語っても、これまでのところ能楽の玄人たちの誰からも「それは違う」とは否定されたことはありません。ですから、たぶん、この表現が能楽師たちの実感にも近いのだろうと思います。

シテは西欧的な演劇の登場人物ではありません。演技をするわけではないからです。もちろん自己表現をするわけでもない。シテは舞台上の立つべきところに立ち、謡うべき詞章を謡い、なすべき所作をなす。それだけです。そして、それができれば、とりあえずシテの技術的巧拙にかかわらず、能楽というものは成立します。まさに、「機を見る　座を見る」ことが、それだけが能楽師には求められる。だからこそ、能楽は久しく武士の式楽であり、柳生宗矩や松浦静山（まつらせいざん）や前田斉泰（なりやす）をはじめ多くの武人が能楽を嗜（たしな）み、能楽を論じ、能楽の術語で武道を語ってきたのだと思います。

みんな何を怖がっているんでしょう

さて、そろそろ散らばった話をまとめることにします。

この往復書簡は「勇気」という言葉をきっかけに始まりました。そして、「勇気、正直、親切」という徳目が顧みられなくなって久しいことが、現代日本社会の問題ではないかという仮説を立てて、それをいろいろな論点をめぐって検証してみました。果たして、この仮説は基礎づけられたでしょうか。あまり体系的には基礎づけられませんでしたけれども、僕の意のあるところはだいたいおわかり頂けたのではないかと思います。

この最終便では「心耳を澄ませて無声の声を聴く」という言葉をもっぱら武道的な観点から解釈してみました。それが勇気とか正直とか親切とかいうこととどう関連するのかを一瞥してそろそろ長い話を締めくくりたいと思います。

勇気というのは「孤立に耐えること」のために必須の資質です。そのことは繰り返し書きました。現代日本社会は過剰なまでの同調圧力によって、孤立することが極端に忌避されています。僕はもう70年以上日本社会で暮らしていますけれど、これほどまでに孤立することを人々が恐怖する時代にははじめて遭遇しました。ほとんど病的だと思います。

多数派に紛れ込み、誰でも言いそうな定型的な言葉を匿名で発信し、誰でもしそうなふるまいをする人たち、「個体識別されない」ことを最優先に生きる人たちが群れをなしている。たくさんの人たちが「誰でもない人（nobody）」になるために努力している。もちろん、それは彼らなりの生存戦略なのだろうと思います。

草食動物にとっては、多数派に紛れ込むことが肉食獣の餌食にならない最も確実な生き方です。肉食獣が一頭を襲っている間に、あとの群れは逃げることができる。100頭の集団に属していれば捕食されるリスクは1％になり、1000頭の集団に属していれば0・1％になる。ですから、たぶん現代の日本人たちは自分のことを「肉食獣に捕食されることに怯えて暮らしている草食動物」のようなものとして規定しているのだろうと思います。

でも、この自己規定はやはり異常です。だって、ここはサバンナじゃないし、ふつうの市民はトムソンガゼルやシマウマじゃないし、いきなり襲ってきて捕食するライオンやチータもいないからです。

もちろん比喩的な意味でなら「殺される」ということはあるかも知れません。失職するとか、体面まるつぶれになるとか、誰からも相手にされなくなるとかいうことはあるかも知れません。でも、殺されるわけじゃない。

「食うか食われるか」とか「成長か死か」とか「万死に値する」とかいう過剰な物言いが濫用されていますけれど、こんなのは全部比喩です。市場でのシェア争いはゼロサムですし、経済成長しないと儲からない企業もあるでしょうし、めちゃくちゃ人を怒らせることもあるでしょうけれど、別にそれで殺されるわけじゃない。

僕はこういう過剰な言葉づかいはかなり危険なものだと思います。ですから、こういう言葉を軽々に口にする人間を僕は信用しません。それはどれも人に恐怖を与えるために選択された言葉だからです。恐怖を与えて、思考停止に追い込み、声の大きな人間に従うように仕向けるために、「ライオンに狙われているシマウマの気持ち」に想像的に同調させるため政治的に選択された言葉だからです。

僕の友人の戦史・紛争史研究家の山崎雅弘さんは現代日本が1930年代の大日本帝国の時代の社会に「戦前回帰」しているという論を立てています。満洲事変以降の、とりわけ1935年の天皇機関説事件や「國體明徴(こくたいめいちょう)運動」以後の日本社会の異常な同調圧力と異論封殺の空気と現代日本の空気の間に共通点があるということをさまざまな具体例を挙げて論じています。

僕は山崎さんの論にはほぼ全面的に賛成なのですけれど、それでも一つだけ気になることがあります。それは、1930年代の日本には治安維持法があり、憲兵隊があり、特別高等警察があったのですが、いまの日本にはそういう暴力的なシステムが存在していないということです。そういう暴力的な装置が存在しないにもかかわらず同じような同調圧力が存在している。ライオンがいないサバンナで捕食獣に怯えているシマウマのようなものです。

1930年代の日本社会では政治家であれ、ジャーナリストであれ、学者であれ、権力に抗う人間は、ほぼシステマティックに逮捕投獄され、拷問され獄死するリスクを覚悟しなければなりませんでした。権力に抗う者は自分の市民的自由や、社会的地位のみならず生命まで失うリスクを引き受けなければならなかった。それにもかかわらず、そのような状況下で反権力の戦いに身を投じる人が少なからず存在しました。

いまの日本には治安維持法も憲兵隊も特高もありません。憲法11条は基本的人権を「侵すことのできない永久の権利」であるとしていますし、憲法36条は「公務員による拷問及び残虐な刑罰は、絶対にこれを禁ずる」としています。ご案内の通り、自民党改憲案では36条は

「公務員による拷問及び残虐な刑罰は、これを禁ずる」と「改正」されて、「絶対に」が削除されています。おそらく「公秩序、公益を守るためを除いて」という解釈の余地を残すためでしょう。でも、とりあえず、いまのところ、自民党改憲案に国民の過半数が賛同するまでは、僕たちは憲法によって幅広い市民的自由を保証されています。

　ところが、市民的自由を法的に保障されている現代日本で、1930年代の日本と変わらないような同調圧力が機能している。だとしたら、それは**現代日本の同調圧力は1930年代よりさらに強い**ということになります。同調に抗う者を処罰する法的根拠も、処罰する政府機関も存在しないにもかかわらず、処罰されることへの恐怖だけはリアルに機能しているからです。

　パノプティコンという監獄装置のことはご存知だと思います。イギリスの哲学者ベンサムの発明になる「一望監視装置」のことです。ミシェル・フーコーが『監獄の誕生』でその悪魔的な仕掛けを分析して広く知られることになりました。ベンサム自身はこれを監獄の近代化、省力化、そして囚人たちの更生のために善意で考案したのですけれども。

　パノプティコンでは監視塔からは監房内が一望されます。でも、囚人たちからは監視塔の看守の姿は見えません。囚人たちは自分が監視されているのか監視されていないのかわからない。結果的に囚人たちは「つねに監視されている」と感じるようになります。監視者の存在を内面化してしまうのです。だから、極端な話、監視者がまったくいなくても、囚人たちは規律に従って行動するようになる。

現代日本人を見ていると、パノプティコンの監視に怯えるあまり、自分の中に「想像上の看守」を創り出して、それに常時監視されている囚人たちのように僕には見えます。絶えずおどおどして、多数派の群れに紛れ込もうとしている人たちばかりであれば、支配する側はさぞかし管理しやすいでしょう。だからこそ、権力者はできるだけ人々が怯えて暮らすように仕向ける。処罰されるリスクがない時でも、処罰を恐れる心を人々に扶植しようとする。

国民を管理しやすい者に仕立てることは、統治コストの最少化という観点からは望ましいことでしょう。誰も「お上」に逆らわないなら、一度権力を手にしたら、後はしたい放題ですから。でも、統治コストの安い国というのは、新しいことが始まらない国です。だって、「みんな多数派」なんですから。「新しいこと」がそこから生まれるはずがない。定義上「新しいこと」というのは未知で、異形のものです。

いまの若い人たちは「目立たないこと」を生存戦略上の最優先項目にしているとよく学校

の先生たちから聞きます。僕の知り合いの大学の先生からこんな話を聞きました。冬の一限の授業に行ったら、教室が真っ暗だった。教室間違えたかな……と思って中を覗いたら、学生たちがいる。真っ暗な教室に黙って座っている。中に入って点灯して、「スイッチはここですよ」と教えてあげた。次の週に行ったら、やはり真っ暗だった。学生たちは誰一人立ち上がって電灯のスイッチを点けにゆかなかったのです。暗いと不便じゃないですか。教科書が読めないから予習もできないし。でも、その不便がもたらす不快よりも、一人立ち上がってスイッチを点けるという「目立つこと」をするリスクの方が重い。学生たちはたぶんそんなふうな計算をしているんだろうとその先生は言ってました。たぶんそうなんだろうと思います。

電気のスイッチさえ点けられない学生が、世の中が間違った方向に向かっていると思った時に「そちらに行くべきではありません」と声を上げるでしょうか？　僕は「上げない」と思います。そちらにゆくと「たいへんなこと」が起きると高い確率で予測されても、たぶん黙ってマジョリティについてゆく。組織で働いていてもそうだと思います。上司から違法行為を指示されても、「みんなやってるんだから」と言われたら、違法と知りながらやる。そのうちばれて処罰される。「上司がやれと言ったからやったんです」と言い訳しても無理でです。検察官に「じゃあ、お前は上司が『殺せ』と言ったら人を殺すのか」と呆れられるだけです。

いまの日本は政権政党がどれほど失政をしても、どれほど没論理的なことをしても、ほとんどペナルティを受けないという社会です。それは国民が「目立つのが嫌」で、「これ、おかしい」と思っても、黙っているからです。「みんなが『これ、おかしい』と言い出したら、その時は唱和するけれど、少数派である間は黙っている」のが「賢い生き方」だと国民の過半は信じている。

でも、重ねて申し上げますけれども、そんな国からはもう何一つ「新しいこと」は生まれません。この四半世紀、日本がひたすら国力が衰微しているのは、そのせいです。勇気を持って、孤立に耐えても、言うべきことを言うという人の数が激減しているからです。

このままどんどん衰退していって、東アジアで「後進国」扱いされるようになっても、それでもいいというのが国民の総意であるというのなら仕方がありません。でも、僕は嫌です。僕はこの国が元気だった頃を覚えていますから。あの頃のようなわくわくした気分をもう一度、若い人たちにも経験させてあげたい。

みんな何を怖がっているんでしょう。もちろん、恐怖というのは太古的な感覚です。とてもたいせつなものです。恐怖を感じない生物は長くは生き延びられません。でも、だからと言って、いまの日本人は怖がり過ぎです。恐怖すること自体が日常になり、恐怖になじんで、やがて自分が「恐怖している」という事実さえ自覚できないようになっている。でも、そんなことをしていると、ほんとうに恐れなければならない状況が到来した時にも、それが「いつもと違う」ことに気づかないで、正面から「ほんとうに恐ろしいこと」に遭遇することになる。必要なのは、「適切に恐れる」ことです。恐れるべき時に恐れる。その必要がない時には恐れない。それだけのことです。もちろん、ここまで書いてきた通り、それが誠に難事業なんですけれども。

勇気とは「ごめんなさい」と言えること

さあ、きりがないから、もう最後にします。ここで終わりにしてもいいんですけれど、実は最後に一つだけ「楽しみ」をとっておいてあるんです。

それは白川静先生の『字通』が「勇気」あるいは「勇」という漢字をどういうふうに定義

しているか調べることです。実はここまで調べてないんです。それは最後の楽しみにとっておこうと思って。もし、それがここまでの論述とそれほど齟齬（そご）のないものであれば、「ほっとする」し、的外れであったら、「おお、これは」とびっくりして、それからどうしてそんなまったく違う意味の漢字がいま僕たちが使っているような意味に遷移したのか、その道筋について考える。もちろん、もう「考える」ほどの紙数も体力も残っていませんので、その場合は、僕が個人的にこれから長い時間をかけてゆっくり考えてゆくことになります。もし機会があれば、その研究成果をまたお伝えすることができるかも知れません。いつになるかわかりませんけど。その点はどうぞご容赦ください。

さて、では『字通』を開きます。「勇」の文字は１５３９頁に出ております。さあ、その定義は何でしょう。

古代はいまの文字とは違うかたちだったようです。金文（きんぶん）では「武臣の功を賞して『甬甬たり』といい、字を甬に作る。踊躍の踊りなどと関係のある字であろう」とあります。字義は「いさむ、いさましい、つよい、たけだけしい、するどい、思い切りがよい」。現代語とそれほど変わりませんね。「勇・踊・湧・溶は同声。内に力が充溢し、外にあらわれるような状態をいう語である」と続きます。熟語である「勇気」については「勇ましい気性」という語義を記したのちに、用例として司馬遷の『史記、廉頗伝』の一文が引かれています。「拝して上卿となす。勇氣を以て諸侯に聞こゆ。」

さっそく原典をひもといて調べてみました。これは『史記』「廉頗藺相如列伝」の初めの方にあるフレーズです。廉頗将軍が斉軍を攻めて壊滅させた勲功によって重臣に任ぜられ、その武名は四囲に轟いたというところです。でも、どうして廉頗なんでしょう。歴史上例外的な武勲でその名を知られた武将はいくたりもいたはずです。なぜ白川先生はその中からあえて廉頗を選んだのか。

廉頗は戦国時代の趙の武将です。趙にはまた藺相如という上卿がいました。卓越した外交手腕で趙の恵文王に重用された人です。ところが、廉頗は歴戦の武将である自分よりも、出自が卑賤で、武勲のない藺相如が上席にあることを妬み、ことあるごとに不満を漏らし、「やつの下になるのは我慢ならぬ。会ったら必ず辱めてやる」と揚言しておりました。二人が会えば剣呑な事態になることは間違いがありません。そこで藺相如は病気と称して屋敷にこもり、参内する時も顔を合わせないように気づかいました。でも、ある日、車で外出した時に道で廉頗と偶然会いそうになりましたので、車を引いて避けました。

その後に藺相如の家臣たちは主人にこう訴えました。「われわれはあなたのご高義を慕ってお仕えしています。しかるに、廉頗将軍があなたに悪言をなしても、あなたは恐れて、避け隠れています。これは匹夫も恥じるふるまいです。もう我慢がなりません。私たちはもうこれ以上あなたにはお仕えできません」と。

これを聞いて藺相如は家臣たちに「秦王と廉頗将軍のどちらが恐ろしいか」と質問を向けました。家来たちは「秦王の方が恐ろしい」と答えます。それを聴いて藺相如はこう続けます。

「そもそも、秦王の威をもってしても、わたしは朝廷でこれを叱りつけ、その群臣を辱めたのだ。わたしが駑鈍だからといって、どうして廉将軍をおそれようか。ふりかえって考えてみるに、強秦があえて兵を趙に加えないのは、ただわが両人がいるからだ。いま両虎が闘えば、勢いとして共には生きられない。わたしが廉将軍を避けるのは、国家の急を先にして私讎を後にするからなのだ。」（司馬遷、『史記列伝』、野口定男訳、平凡社ライブラリー、２０１０年、４０４頁）

廉頗はこれを聞いて、藺相如の器量の大きさと見識の深さに感動し、肌脱ぎになって裸となり、茨の鞭を背負い、藺相如の門に至り、この鞭で気の済むまで打ち据えて欲しいと謝罪しました。もちろん藺相如は廉頗将軍の謝罪を受け入れ、ともに相手のためには命を差し出すという「刎頸（ふんけい）の交わり」を結んだのでした。

白川先生が「勇気」の事例として廉頗伝を引いたのは、もちろん意図があってのことです。廉頗は「いさましい、つよい、たけだけしい」だけの人ではありませんでした。自分よりも出自が低く、巧妙な弁舌の才だけで異数の出世を遂げた（と思って）藺相如を蔑視し、嫉妬しながらも、その思慮の深さと器の大きさを知るや、礼を尽くして謝罪をしたのです。最初の方に書きましたけれども、自分に非があると思うや、ためらうことなく退くことができる人を孔子は「勇気のある人」の理想としました。おそらく白川先生はこの孔子の見識に拠って、「勇気」の文例として廉頗伝を引いたのだと思われます。勇気とはおのれに理がないと知った時にためらわずに「ごめんなさい」と言える真率のことである。たぶん白川先生もまたそう言いたかったんだと思います。

この「勇気論」は「そもそも『勇気』とはどういう意味なんでしょう」という問いを一番

最後に持ってくるという順逆の狂った構成になってしまいましたが、さいわいにも収まるところに収まってくれたようです。ほっとしました。

古谷さん、どうも長い間、お付き合いくださってありがとうございました。これにて『勇気論』の中ほどで「ございます」で高座を下ろさせて頂きます。みなさんも、最後まで読んでくださってありがとうございました。

（2023年7月30日）

あとがきの前に

いったいこの本は何なのか？　と訝り（いぶかり）ながら手にとっていただいた読者の方、ありがとうございます。たしかに不思議な本になったと思います。

本文に書かれたことがこの本のすべてなのですが、訝しがった読者の方に、成り立ちも含め、蛇足かも知れませんが、多少解説します。

まえがきにもあるように、内田先生の「いまの日本人に足りないのは勇気かも知れない」という言葉に反応したことからこの往復書簡が始まりました。「どこからでもかかってらっしゃい。なるべく変なエピソードを投げてください」というリクエストに七転八倒しながら手紙をしたため、正直、これが本にまとまるとは途中まで想像できていませんでした。先生も、本になるだろうということは思っていても、どういう本になるのかはわからないままにスタートされたと思います。読み返してみると、途中でギアが入った感じがしますね。勇気とは……という最初の設問からどんどん離れているかと思っていたら、見事に着地していま す。最初から通して読んでいただくと、内田先生の思考のドライブ感が伝わると思います。先生が言われている「跳躍」があちこちにちりばめられています。

もう一つ、この内田さんに質問している古谷って誰なんだという声が聞こえます。この本を出版している光文社で、カッパ・ブックス、光文社新書を中心に長年編集の仕事に携わってきました。途中から管理系の仕事もしていましたが、3年ほど前から知己の著者のものを中心に編集の仕事も再開しています。

まえがきに内田先生が書かれていることに追加しますと、『現代思想のパフォーマンス』が出た後、先生が当時教えられていた神戸女学院の授業を書籍化できないかというお願いをしました。「クリエイティブ・ライティング」の授業でした。そうすると、もう決まっているという返事。まだ授業が始まっていないのに、私より先にオファーした方がいらっしゃったようでした。すかさず、では、次の授業をというメールを出したところ、先生は「青田買いとははじめてだ」と面白がってくれて、OKしてくれました。それが『街場のメディア論』として光文社新書になる本ができたきっかけでした。

数年後、先生が何かで書かれたことからインスピレーションを感じ、「序破急」という本できませんか、とこれまた失礼なメールを出したところ、先生から、こういうのがあるんだけど、と原稿が送られてきたのです。合気道の雑誌で連載されていたものでした。専門的なものかと思ったら、合気道を知らない私でも面白いと思う、思い切って『修業論』というタイトルでどうでしょうと先生に提案し、こちらも光文社新書で出すことができました。

今回も、そういう流れに沿ったものでした。最初の手紙で書いたように、何かが私の中で発火してそれを先生にぶつけたことからすべては始まっています。もちろん内田先生の度量の深さに甘えているのですが、これが武道的な展開なのかも知れないなと勝手ながら思っています。ということで、本書もどこに行くかわからない展開ですが、いったりきたりしながら、何かの本質に近づいていくのは、読者の方々にとってあまりない知的冒険を味わえる本になったのではないかと思っています。

最初は「あしながおじさん」の少女が書く手紙のようだなと思っていたのですが、途中から、孔子に質問する弟子になったような感覚でもありました。誰かに手紙を書き続けるというのは、自分の内面を深く降りていって何かを見つける作業でもありました。内田先生、ありがとうございました。

あとがき

こんにちは。内田樹です。

『勇気論』最後までお読みくださって、ありがとうございます。

勇気とは何かをめぐって長々と書いてきましたけれども、あまりすわりのよい結論にはたどりつきませんでした。ご海容（かいよう）ください。

勇気とは「孤立に耐える」ための資質であるということは最初の方で書きました。そして、長々と書いてきて、改めて「孤立に耐える」ということが人間にとっては、とても困難な、しかし重要な営みであるということを思い知りました。

孤立に耐えるって、たいへんなんです。自分が孤立している時に、「自分ひとりが正しくて、あと全員が間違っている」のか、「他の人たちがまともで、自分ひとりが狂っている」

のかを判定することは、本人には権利上できないからです。人間は「神の視点」から世界を見下ろすことはできません。自分が正しいかどうか、それを保証してくれる「上位審級」が存在しない。自分の正しさを自分で基礎づけなければならない。でも、そんなことどうやったらできるのでしょう。

アルベール・カミュはあるインタビューでこんな言葉を語っています。

「私は理性も体系も十分には信じておりません。私が関心を持つのは、いかに行動すべきか知ることです。より厳密に言えば、神も理性も信じ得ぬ時に、人はどのように行動しうるのかを知ることです。」(Albert Camus, Interview à 'Servir', in *Essais*, Gallimard, 1965, p.1427)

これは問題の本質を見事に衝いた言葉だと思います。上空の「神の視点」「理性の視点」から俯瞰的に「正しいもの」と「正しくないもの」を判別できない時にも、人は決断し、行動しなければならないことがあります。正否の基準が存在しない時に、どう決断したらいいのでしょう。

カミュはこの問いに答えていません。でも、カミュが実践してきたのは、こういう場合は

「しばらくの間、孤立に耐える」ということでした。周りの人の顔色を窺って、「こうすれば支持される」「こうすれば非難される」というようなことを勘案してものごとを決めるということをカミュはしたことがありませんでした。つねに直感に従った。「思わず手が出る」時には「思い」よりも「手」に従った。僕はこれは見事な実践だったと思います。

　もちろん、彼の選択が周囲から受け入れられないということもしばしばありました。その時期、カミュは孤立に耐えました。でも、どんな人間もそれほど長くは孤立に耐えることはできません。時間的な限界があります。いつかは誰かが傍らに立って、肩に手を置いて、「わかるよ」と言ってくれることを当てにしている。連帯の希望なしに孤立に耐えることはできません。

　本文中で「友情・努力・勝利」というスキームが勇気をスポイルしたということを僕は書きましたけれど、もちろん「友情・努力・勝利」はすごく大事なんですよ。ただ、僕が言いたかったのは、そこから始めてはいけない、ということなんです。友情の支援抜きでしばらくの間孤立に耐えられる力がすごく大事だ、ということを申し上げているんです。「必要とあらば永遠に孤立していろ」というようなことを言っているわけじゃありません。

人間はどこかで連帯の支えがなければ生きてはいけない。でも、最初のうちはその支えがないことも覚悟しなければいけない。「誰も支持してくれないから、したいことがあるけど、やめる」という判断をしてはいけない。誰も支持してくれなくても、しばらくの間は、孤立に耐える。「しばらくの間」でいいんです。息を止めて水の中を泳ぐようなものです。ことは肺活量の問題なんです。肺活量が少なければ、すぐに水から顔を出して息継ぎをしないといけない。でも、肺活量が多ければ、水没した建物の中で脱出口にたどりつくまで泳ぎ切ることができる。『ポセイドン・アドベンチャー』的、『エイリアン4』的、『バイオハザードⅣ』的状況です。

「あの……どの映画も観てないんですけど」という読者には申し訳ないです。でも、わかりますよね。窮地からの脱出口を探して水中に泳ぎ出す時に、肺の中の酸素の量が半分にまで減ったら、「戻るか進むか」選択しなければならない。元の場所に戻れば、生き延びられるけれど、状況は何も変わらない。先へ進めばどこかで酸欠になって死ぬかも知れないし、危地から抜け出せるかも知れない。命がけの決断です。

でも、よく考えればわかりますけれど、「肺の中の酸素の量が半分までくる前に」、空気のあるところに抜け出せたら、そんな選択はしなくて済むんです。肺活量が多ければ命がけの決断をしなくても済む。実は、肺活量の多寡によって「生き死にの選択問題」は前景化したり、しなかったりする。程度の差が実は決定的なんです。

僕が言いたいのは、「孤立に耐える時間」が短い人と長い人の間には実は程度の差しかない。けれども、それが決定的であることが（しばしば）あるということです。

だから、孤立に耐えるための「地力」をつけるためには、こつこつと日々努力をしておいた方がいい。孤立に長く耐えられる人は、（主観的には）それほど苦労しないで、「友情・努力・勝利」のフェーズに抜け出すことができるからです。

ですから、「まず周りの人の共感と理解が必要だ」という考え方に対して、僕は「まず周りの人の共感も理解もない状態にある程度の期間耐えられる力が必要だ」ということを主張しているわけです。

わかりにくい説明ですみませんね。でも、勇気とは孤立に耐えるための資質だ、という言明を通じて僕が言いたいのは、そういうことなんです。

だから、周りの人とうまくコミュニケーションが取れないということをあまり気にする必要はないと思います。「コミュニケーション能力」というのは、すでにコミュニケーションの回路ができあがっているところから始めて、自分の言いたいことを滑らかに伝える能力のことではありません。そうではなくて、まだコミュニケーションが成り立たないという状況を初期設定として受け入れて、そこから手立てを尽くして、他者との間にコミュニケーションの回路を立ち上げることです。ゼロベースでコミュニケーションの回路を立ち上げる能力のことを「コミュニケーション能力」と呼ぶ。僕はそう考えています。

コミュニケーションは「ゼロベース」の仕事なんです。だから、目の前にいる相手と「うまく意思疎通ができない」というのは、別にそれほど困ったことではありません。「そんなの当たり前」なんです。手元にある限られた資源を使いまわして、なんとか相手との間に「橋」を架ければいい。

主体と他者との間は「地続き」じゃないんです。断絶がある。でも、そこらから持ってきた手持ちの材料で「橋を架ける」ことは可能です。

僕の哲学上の師であるレヴィナス先生は「私と他者の間には共通の祖国がない」と書いていますけれども、それはあくまで「地続きじゃない」ということであって、「橋を架けることさえできない」ということではない。僕はそう理解しています。

いま、日本だけでなく、世界のどこでも、「いじめ」やDVやレイシストや民族主義者の暴力が猖獗（しょうけつ）をきわめています。この暴力を駆動しているのは、ぎりぎりまで削ぎ落とすと、「理解も共感もできない他者を前にした時の不快に耐えられない」弱さだと僕は思います。「他者の他者性に耐えられない」というのは、「孤立に耐えられない」のと同じことです。暴力をふるう人たちは、他者を「理解すること」「共感すること」にあまりに性急なんです。それは簡単に手に入るものだと思っている（そんな訳ないのに）。だから、すぐに「理解できない」「共感できない」と決めつける。肺活量が足りないので、水の中に泳ぎ出すとすぐに「やっぱりダメ」と言って元の場所に戻ってくる人と同じです。「自分が自分であることに釘付けにされている」という言い方をレヴィナス先生はしますけれど、それは実践的には「肺活量が足りない」ということなんです。

孤立に耐えることのできる人は他者の他者性に耐えることができる。理解も共感もできない他者を前にした時に、それを「人間ではない」とか「忌まわしいもの」とかいうふうにラベルを貼って分類して、処理することを自制して、しばらくの間の「判断保留」に耐えることができる。

人間の暴力を駆動しているのは「何だかわからないもの」に対するこの嫌悪と恐怖なんです。あらゆる戦争も、差別も、ジェノサイドも、起源までたどると、「他者が他者であることの不快」に耐えられない人間の弱さにたどりつきます。

勇気はこの弱さとまっすぐに向き合い、自分を少しずつ強くするための足場です。他者が他者であることに耐えることのできる力です。この力を僕は勇気と呼びたいと思っているのです。

勘違いして欲しくないのですが、「孤立に耐える」というのは、ただ「我慢する」という意味ではありません。もっと向日的な、もっと希望に満ちたものです。

この本の最初の方に「連帯を求めて孤立を恐れず」というスローガンが'60年代の終わりに学生たちに強い情緒的反応を起こしたということを書きました。改めて書き写してみても、この言葉はことの本質をみごとに一言で言い切っていると感じます。

人は誰でも連帯を求めています。でも、なかなか連帯できる相手が見つからない。だからといって、すぐには絶望しない。「連帯は簡単なものじゃない」と肚（はら）をくって、しばらくの間は孤立に耐える。孤立に耐えられるのはいつか他者と連帯できると信じているからです。

勇気を持つのは、孤立に耐えて、連帯が成就する日まで生き延びるためです。

みなさん、勇気を持って生きてください。僕から申し上げたいことはこれに尽くされます。

最後になりましたが、往復書簡という面倒な形式を快諾して、刺激的な論点を提示してくださった古谷俊勝さんと編集の労をとってくださった樋口健さん、山下雄一郎さんにお礼申し上げます。

内田樹　うちだたつる
1950（昭和25）年、東京都生まれ。東京大学文学部仏文科卒業。
東京都立大学大学院人文科学研究科博士課程中退。
神戸女学院大学名誉教授。
専門はフランス現代思想。『私家版・ユダヤ文化論』（文春新書）で小林秀雄賞、
『日本辺境論』（新潮新書）で新書大賞、著作活動全般に対して伊丹十三賞受賞。
著書は『街場のメディア論』『修業論』（以上、光文社新書）、
『寝ながら学べる構造主義』（文春新書）ほか多数。
神戸市で武道と哲学のための学塾「凱風館」主宰。

勇気論（ゆうきろん）

２０２４年５月30日　初版第１刷発行
２０２４年８月30日　　　第３刷発行

著者　内田樹（うちだたつる）
編集　古谷俊勝
組版・印刷所　堀内印刷
製本所　ナショナル製本
発行者　三宅貴久
発行所　株式会社光文社
〒112-8011
東京都文京区音羽1-16-6
電話
ノンフィクション編集部　03-5395-8172
書籍販売部　03-5395-8116
制作部　03-5395-8125
メール
non@kobunsha.com
落丁本・乱丁本は制作部へご連絡くだされば、お取り替えいたします。

ISBN978-4-334-10289-0